1. 中国教育发展战略学会一般课题：基于家校共育的特殊关注和整体施教策略研究（课题编号：QYJYZWH2416）
2. 哈尔滨市教育学会“十四五”教育科学研究规划重点课题：小学家校共育分类关注与个体施教的实践研究（课题编号：HXHZ-145-230300077）
3. 哈尔滨市教育规划重点课题：乡镇教育振兴背景下小学“3+礼育”课程的实践与研究（课题编号：HKB1425020）
4. 哈尔滨教育学会一般课题：小学“礼”育教育模式的实践研究（课题编号：HXHY-145-250300056）

# 育家之道

刘红艳　著

哈尔滨工程大学出版社
Harbin Engineering University Press

**图书在版编目（CIP）数据**
育家之道 / 刘红艳著. -- 哈尔滨 : 哈尔滨工程大学出版社，2025. 6. -- ISBN 978-7-5661-4820-9
Ⅰ. G459；G78
中国国家版本馆 CIP 数据核字第 2025LV2935 号

**育家之道**
YUJIA ZHI DAO

**选题策划** 邹德萍
**责任编辑** 关 鑫
**封面设计** 李海波

---

**出版发行** 哈尔滨工程大学出版社
**社　　址** 哈尔滨市南岗区南通大街 145 号
**邮政编码** 150001
**发行电话** 0451-82519989
**经　　销** 新华书店
**印　　刷** 哈尔滨市海德利商务印刷有限公司
**开　　本** 787 mm×1 092 mm 1/16
**印　　张** 14.75
**字　　数** 146 千字
**版　　次** 2025 年 6 月第 1 版
**印　　次** 2025 年 6 月第 1 次印刷
**书　　号** ISBN 978-7-5661-4820-9
**定　　价** 69.80 元
http://www.hrbeupress.com
E-mail:heupress@hrbeu.edu.cn

# 前　言

## 思悟育家道，笃行觅良方

刘红艳

在漫漫教育长河中，孩子的成长宛如一艘前行的小船，学校与家庭则是那两只不可或缺的船桨，只有协同划动，才能让小船平稳地驶向远方。然而，现实中学校与家庭之间的那道认识与沟通的无形壁垒，却时常让这两股力量难以充分汇聚，阻碍着孩子在知识的海洋中畅快遨游。本书，正是肩负着打破这道壁垒、重塑教育合力的使命而来，以"教育一个孩子，带动一个家庭"为熠熠生辉的灯塔，照亮家校共育的探索之路。

走进哈尔滨市王岗镇中心小学校，就如同踏入一个微型社会。这里有近 1400 名学生，他们来自五湖四海，有着不同的成长背景。其中，39% 的学生是王岗镇本地的农村孩子，他们身上带着泥土的质朴；而另外 61% 的学生是外来务工人员子女，随着父母的脚步，在这片土地上追寻梦想，其中超过 90% 的学生还保留着农村户籍。在近 1400 名学生中，有 200 余名来自单亲家庭，占学校总人数的14%左右，他们在成长中缺失了一份完整的陪伴。这些孩子的父母，为了生计日夜奔波，只能无奈地将他们托付给祖辈照顾。在本该享受父母关爱的年纪，他们却早早学会了坚强与独立。在他们的眼神中，既有对生活的坚韧态度，也有对爱的渴望。

更令人心疼的是，在对学生个体身体状况的摸底排查中，我们发现了近20名“特殊”的孩子。他们有的存在感觉统合失调，在协调自己的身体动作时显得有些吃力；有的被精神疾病困扰，在情绪的风暴中艰难挣扎；有的是孤独症患者，沉浸在自己孤独的世界里；还有的是智力低下的孩子，在学习的道路上比别人走得更加艰难。他们就像折翼的天使，需要我们给予更多的爱与关注。

面对这些复杂且沉重的教育现状，我们的学校并没有退缩，而是勇敢地扛起了责任，以省级课题《小学家校共育分类关注与个体施教的实践研究》为坚实的指引，一头扎进家庭教育的探索实践中。我们深知，特殊学生的心理健康干预刻不容缓。于是，我们运用先进的表象测评系统，此系统如同精密的探测器，可以深入了解孩子们的内心世界；用人脑“八大智能”（即语言智能、逻辑–数学智能、空间智能、身体–动觉智能、音乐智能、人际智能、内省智能和自然观察智能）排查方法，为每个孩子量身定制成长方案；还用充满魔力的音乐疗愈方法，用音符编织起温暖的网，治愈孩子们内心的创伤。我们多么希望，这些努力能让“问题”学生不再“特殊”，能让他们重新绽放出自信的笑容；能让家长们在教育的道路上不再迷茫无助，有法可依；也能让班主任们卸下管理的重负，轻装上阵。

我们的目光并不仅仅聚焦于特殊学生，全体学生及其家庭的教育同样牵动着我们的心。家风，是一个家庭的灵魂；家训，是传承的智慧；家规，是成长的准则。我们以树“家风、家训、家规”为温暖的纽带，将家庭与学校紧紧相连。先从小范围培训入手，精心培育榜样家庭，就像点亮一盏盏明灯。这些家庭在反复研磨中确立了优良家风，成为其他家庭学习的楷模。在家长会上，榜样家庭的家长真诚分享自己的家规家训和教子方法，那一句句朴实的话语，仿佛是智慧的种子，在每个家长心中生根发芽，渐渐在班级中形成了以榜样带动全体的良好氛围，让优良家规家训如春风化雨，滋润着每个孩子的心灵。

同时，我们还开展了“家长、教师双承诺”活动。当家长大声喊出“经营好婚姻、孝敬好父母、培养孩子拥有稳定的情绪和良好的习惯”这一承诺时，好像在宣读家校携手共进的誓言。这不仅促进了家校之间的深度沟通与协作，更形成了一股强大的教育合力。家长不再是教育的旁观者，而是参与者，他们紧紧围绕在学校身边，与教师一起，为孩子的成长遮风挡雨，实现了学校育人与育家功能的双重保障的目标。

家庭教育，是一场充满爱与希望的接力赛，每一个家庭都是赛道上的选手，每一个孩子都是承载梦想的接力棒。我们深知，这条路上充满了未知与挑战，但我们从未放弃。我们期望以“特例带动整体”这一研究思路为突破口，为家校共育找到一条最适合的路径，为家庭教育探寻到最恰当的方法。我们渴望这本书能成为一座桥梁，连接起学校与家庭；能成为一把钥匙，打开教育的智慧之门；能成为一束光，照亮孩子成长的每一个角落。让我们携手共进，用爱与智慧，为孩子创造一个更加美好的未来！

# 目　　录

## 第一部分　育家有思

## 第二部分　育家有方

## 附　录

# 第一部分 育家有思

# 本质追问篇

家庭教育，是人类文明最古老的命题之一，也是当代社会最具张力的实践场域。在社会变迁解构传统家庭结构、教育内涵持续拓展的今天，我们比任何时候都更需要回归原点，叩问家庭教育的本质——它究竟是私人领域的“家事”，还是关乎民族未来的“国事”？

本篇从历史与现实双重视角出发，打破“家庭教育＝家庭内部事务”的思维定式，揭示其作为个体精神启蒙、成长“摇篮”与文化传承载体的深层价值，既回望传统家庭教育中品德修养、家族精神的传递脉络，也审视现代语境中对个性发展、创新能力培养的新需求；立足于社会转型与时代竞争背景，剖析家庭教育在价值观塑造、健全人格培育、终身学习能力养成中的不可替代性，阐明其对个体成长的奠基作用与对社会人才培养、和谐稳定的战略价值；以法律为镜，梳理家庭教育从传统语境中的道德自律、家长主导，到现代社会中通过立法明确责任、强化保障的演变轨迹，探讨政策如何在尊重家庭自主权的基础上，衔接社会公共利益，进而构建协同育人体系。

三篇文章层层递进，解码家庭教育的基因图谱：它既是生命最初的启蒙学堂，也是文明传承的“基因链”；既是个体成长的基石，也是社会治理的“神经末梢”。唯有在观念革新（重构教育理念与方式）、价值重估（明晰战略价值）与制度完善（健全法律等支持体系）的三重维度上深度探索，才能在传统与现代家庭教育的碰撞中，破解当下家庭教育面临的困境，找到家庭教育的本真之道。

# 重新认识家庭教育：解构与重构的思考

在孩子的成长旅程中，家庭教育无疑是基石，深深影响着孩子的价值观、性格塑造以及未来的发展轨迹。然而，随着时代的变迁，传统家庭教育模式正面临诸多挑战。我们需要重新审视家庭教育，剖析其内涵，思考如何在新时代背景下对其进行重构。

## 一、传统与现代家庭教育内涵的碰撞

### 1. 传统家庭教育的印记

在传统观念里，家庭教育主要是父母对子女的道德训诫、知识传授以及基本生活技能的教导。在古代，《颜氏家训》便是家庭教育的典范之作。它强调修身齐家，注重对子女品德的培养，如“整齐门内，提撕子孙”，通过言传身教，让家族的价值观和行为准则代代相传。在这种教育模式下，家庭注重培养孩子对长辈心怀尊敬、对家族富有责任感，以及具备在社会中立足的基本素养。

2. 现代家庭教育的新貌

进入现代社会，家庭教育的内涵有了极大的拓展。新时代要求培养全面发展、具有创新精神和社会责任感的人才。家庭教育不再仅仅局限于品德培养和知识传授，更注重孩子个性的发展、创造力的激发以及社会适应能力的提升。如今，许多家庭会为孩子安排各种兴趣班，鼓励他们参加社会实践活动，目的就在于挖掘孩子的潜力，培养他们适应未来多元化社会的能力。

3. 内涵解构的关键要素

无论是传统家庭教育还是现代家庭教育，核心要素始终围绕着教育主体、教育对象和教育内容。教育主体，即父母及其他监护人，他们是孩子成长道路上的引路人，承担着榜样示范、行为引导和情感支持的重要责任。教育对象是未成年人，他们在不同成长阶段有着独特的身心发展特点和需求，这就要求家庭教育因材施教。教育内容涵盖道德品质、身体素质、生活技能以及文化修养等多个方面，共同构成了孩子全面发展的基石。

## 二、当下家庭教育的困境剖析

1. 现状扫描

通过对众多家庭的观察和分析，我们发现当下家庭教育存在一些普遍现象。在教育观念上，很多家长过于看重孩子的学习成绩，认为成绩好就是一切，忽视了对孩子的品德、兴趣和身心健康的培养。在教育方式上，要么过于严厉，采用简单粗暴的惩罚手段；要么溺爱，对孩子百依百顺。这两种极端方式都不利于孩子的健康成长。此外，由于生活节奏加快，很多家长忙于工作，与孩子沟通交流的时间减少，亲子关系逐渐疏离。

2. 问题根源探寻

社会环境的变化是导致家庭教育出现问题的重要因素之一。如今社会竞争日益激烈，家长担心孩子输在起跑线上，这种焦虑使得他们在教育孩子时过于功利化。同时，文化多元化带来了价值观的冲突，让家长在教育孩子时感到无所适从。家庭结构的变化，如单亲家庭的增加、隔代教养的普遍存在，也给家庭教育带来了新的挑战。单亲家庭往往面临经济压力和教育精力不足的问题，而隔代教育由于观念差异，容易出现溺爱孩子的情况。另外，家长自身教养知识的缺乏和教育能力的不足也是不容忽视的问题。很多家长没有接受过系统的家庭教育培训，在面对孩子的各种问题时，常常感到力不从心。

## 三、重构家庭教育的新路径

1. 观念革新：引领孩子全面发展

要重构家庭教育，首先要转变教育观念。家长应树立全面发展的教育理念，认识到孩子的成长不仅仅是学习成绩的提升，更重要的是品德、能力、情感等多方面的发展。要注重培养孩子终身学习的能力和积极向上的人生态度，让他们在未来的社会中能够独立应对各种挑战。例如，一些家长不再只关注孩子的考试分数，而是鼓励孩子参加各种兴趣社团，培养他们的兴趣爱好和特长，让孩子在自己喜欢的领域中找到自信和快乐。

2. 方式创新：激发孩子内在潜能

在教育方式上，家长应摒弃传统的单一模式，采用多样化的教育方式。启发式教育能够引导孩子主动思考，培养他们的思维能力；体验式教育能够让孩子在实践中学习，增强他们的动手能力和解决问题的能力；合作式教育则有助于培养孩子的团队合作精神和沟通能力。同时，随着科技的发展，家长可以合理利用现代科技手段辅助家庭教育。比如，通过在线教育平台为孩子提供丰富的学习资源，但要注意避免孩子沉迷于电子设备。

3. 关系重建：搭建亲子沟通桥梁

良好的亲子关系是家庭教育成功的关键。家长要加强与孩子的沟通交流，学会倾听孩子的心声，尊重他们的想法和感受。在沟通时，要保持平等的态度，不要总是以权威的姿态对孩子发号施令。此外，家长还要增加陪伴孩子的时间和提高陪伴的质量。可以通过一起参加户外活动、家庭聚会等方式，增进亲子之间的感情。例如，每个周末安排一次家庭亲子活动，如一起去公园散步、骑自行车，或者进行家庭游戏，让孩子在温馨的家庭氛围中感受到父母的关爱。

4. 多方协同：构建家庭教育支持体系

在家庭教育中，家庭、学校、政府、社会都扮演着重要的角色，其中，家校合作对于促进孩子成长非常关键。

从学校角度去思考，我们力所能及的是构建学校与家庭协作的教育支持体系。学校与家庭是孩子成长过程中的两大重要环境，加强家校合作至关重要。学校可以通过家长会、家长学校等媒介与家长保持密切沟通，及时反馈孩子在学校的学习和生活情况，共同探讨教育孩子的方法。同时，学校还可以邀请家长参与学校的教育教学活动，如亲子运动会、家长开放日等，让家长更好地了解学校教育，促进家校共育。

重新认识家庭教育，是我们适应时代发展的必然要求。通过对家庭教育内涵的解构和对其现状的审视，我们明确了问题之所在；通过重构家庭教育策略和支持体系，我们为孩子的健康成长开辟了新的道路。家庭教育是一项系统工程，需要家庭、学校、政府和社会的共同努力。只有这样，我们才能为孩子创造一个良好的成长环境，让他们在爱的阳光下茁壮成长，成为有担当、有能力、有情怀的新时代人才。在未来的日子里，我们期待看到更多家庭在科学的家庭教育理念的指引下，培养出具有独立人格、创新精神和社会责任感的优秀子女，为社会的发展贡献力量。

# 家庭教育的战略价值：关键力量解析

在社会发展的宏大进程中，家庭教育绝非家庭内部的个体行为，而是需要多方协同的系统工程，是对社会发展具有深刻影响的社会行为。家庭教育宛如源头活水，从细微处影响每一个个体的成长，进而在宏观层面推动社会的进步与变革，是社会稳定、人才培养和文化传承的重要基石。深入剖析家庭教育的战略价值，有助于我们更全面、深刻地认识其在个人成长和社会发展中的重要地位。

## 一、家庭教育对个体成长的战略价值

### 1. 价值观塑造的根基

孩子最早接触的教育环境便是家庭，家长的言传身教是孩子价值观形成的重要源头。在家庭中，家长通过日常生活中的点滴行为和态度，向孩子传递着基本的道德观念和价值取向。例如，在尊老爱幼的家庭氛围中成长的孩子，更容易学会尊重长辈、关爱他人，从而在未来的社会交往中秉持友善、谦逊的态度。经常参与公益活动的家庭，其孩子在潜移默化中会更具社会责任感，懂得关心他人、回馈社会。这些早期形成的价值观会成为孩子一生的行为准则，在他们面对复杂的社会环境和人生抉择时，为其提供内在的价值判断依据，使其坚守道德底线，追求积极向上的人生目标。

2. 性格与心理发展的摇篮

家庭环境对孩子性格的塑造起着决定性作用。民主、和谐的家庭氛围，给予孩子充分的尊重和鼓励，有助于培养孩子开朗、自信、善于沟通的性格。在这样的环境中，孩子敢于表达自己的想法和感受，在面对困难时也更有勇气和信心去克服。相反，长期处于紧张、压抑家庭环境中的孩子，可能会变得内向、自卑、敏感，缺乏安全感和自信。家庭环境对孩子心理健康的影响同样深远，家长给予的关爱、理解和支持，能让孩子拥有强大的心理承受能力，从而更好地应对生活中的挫折与困难。相反，缺乏关爱和正确引导的孩子，可能会在成长过程中出现各种心理问题，如焦虑、抑郁等，影响他们的生活质量和未来发展。

3. 能力培养的第一课堂

家庭教育在孩子的能力培养方面发挥着不可替代的作用。在生活中，家长通过引导孩子参与家务劳动，培养他们的生活自理能力和责任感。例如，让孩子洗碗、扫地和整理自己的房间，不仅能锻炼他们的生活技能，还能让他们明白家庭责任的重要性。家长鼓励孩子自主解决问题，如在孩子遇到学习困难或与同伴发生矛盾时，引导他们思考解决办法，锻炼他们的思维能力和解决问题的能力。在学习上，家庭营造的学习氛围以及家长对学习的重视程度会影响孩子的学习兴趣和学习习惯。例如，家长热爱阅读，经常与孩子一起探讨书中的内容，会使孩子对阅读产生浓厚的兴趣，从而养成良好的阅读习惯，为其终身学习奠定基础。

## 二、家庭教育对社会发展的战略价值

### 1. 人才培养的源头保障

人才是社会发展的核心动力，而家庭教育是人才培养的源头。一个注重培养孩子综合素质的家庭，能够为孩子提供广阔的发展空间，激发他们的潜能。在良好的家庭教育环境中成长起来的孩子进入社会后，凭借扎实的知识储备、优秀的品德修养和较强的综合能力，更容易在各自的领域中取得优异成绩，成为推动社会进步的中坚力量。从科技创新领域的专业人才，到文化艺术领域的杰出创作者，再到社会治理领域的优秀管理者，他们的成功背后，都离不开家庭教育的精心培育。家庭教育不仅为孩子传授知识和技能，更重要的是培养他们的学习能力、创新精神和社会责任感，使他们具备适应社会发展需求的能力。

2. 社会稳定的隐形支柱

和谐稳定的家庭是社会稳定的基础。家庭教育能够培养孩子的规则意识和社会适应能力，使他们懂得遵守社会规范、尊重他人权益。当每个家庭都能教育出有责任感、有担当的孩子时，社会中的矛盾和冲突自然会减少。良好的家庭教育还能促进家庭成员之间的关系融洽，减少家庭纠纷，进而为社会的和谐稳定营造良好的氛围。在一个充满爱与关怀的家庭环境中成长起来的孩子，更愿意积极参与社会活动，为社会的发展贡献自己的力量，成为社会稳定的积极维护者。相反，如果家庭教育缺失或不当，可能会导致孩子出现行为问题，增加社会不稳定因素。

3. 文化传承的重要纽带

文化是一个民族的灵魂，而家庭教育在文化传承中扮演着重要角色。家庭通过口耳相传、风俗习惯的延续等方式，将本民族的文化传统传递给下一代。从传统节日的庆祝方式，到家族故事的讲述，再到民间技艺的传承，这些丰富多彩的文化元素在家庭教育中得以延续和发展。孩子在家庭中接受文化的熏陶，不仅能够增强对本民族文化的认同感和自豪感，还能将这些文化传统发扬光大，使其在时代的变迁中不断传承创新，为社会的文化繁荣注入源源不断的活力。家庭教育是文化传承的重要载体，它将民族文化的基因融入孩子的血液中，使其在未来的生活中继续传承和弘扬本民族的优秀文化。

## 三、强化家庭教育战略价值的路径

1. 家长自我提升

家长作为家庭教育的主要实施者，应不断提升自身素质。一方面，要加强学习，更新教育观念，了解孩子的身心发展规律和科学的教育方法，避免因教育方式不当而影响孩子的成长。例如，通过参加家庭教育讲座、阅读相关书籍等方式，不断丰富自己的教育知识，提高教育能力。另一方面，要注重自身品德修养的提升，以身作则，为孩子树立良好的榜样。家长的言行举止对孩子有着深远的影响，只有家长自身具备良好的品德和行为习惯，才能引导孩子健康成长。

2. 家校深度合作

家庭与学校是孩子成长过程中的两个重要场所，加强家校合作至关重要。学校要定期与家长沟通交流，及时反馈孩子在学校的学习和生活情况，共同探讨教育孩子的方法。同时，学校可以邀请家长参与学校的教育教学活动，如招募家长志愿者、让家长进课堂等，让家长更好地了解学校教育，促进家校共育。家校紧密合作，可以形成教育合力，为孩子的成长创造更加有利的条件。只有家庭和学校相互配合、相互支持，才能更好地促进孩子的全面发展。

家庭教育的战略价值不可估量，它是个体成长的基石，是社会发展的动力源泉。在新时代背景下，我们必须充分认识到家庭教育的重要性，通过家长的自我提升、社会资源的支持以及家校的深度合作，强化家庭教育，为孩子的未来发展奠定坚实的基础，为社会进步培养更多的优秀人才，让家庭教育这股关键力量在社会发展的进程中发挥更大的作用。让我们携手共进，以家庭教育为战略支撑，共同描绘社会发展的美好蓝图，创造更加美好的未来。

3. 社会资源支持

社会各界应积极为家庭教育提供资源支持。家庭教育指导机构要充分发挥专业优势，为家长提供个性化的教育咨询和培训服务，帮助家长解决在教育孩子的过程中遇到的问题。社区可以组织各类家庭教育活动，如亲子阅读、家庭才艺展示等，帮助家庭增进亲子关系，营造良好的家庭教育氛围。此外，媒体应加大对家庭教育的宣传力度，传播科学的家庭教育理念和方法，引导社会各界关注家庭教育，形成全社会重视家庭教育的良好风尚。通过整合社会资源，为家庭教育提供全方位的支持，有助于提升家庭教育的质量和水平。

# 从家庭事务到公共议题：家庭教育立法的发展逻辑

在过去，家庭教育常被视作纯粹的家庭内部事务，家长拥有绝对的主导权，外界鲜少干预。然而，随着社会的发展与进步，人们逐渐意识到家庭教育不仅关乎孩子的个人成长与家庭的幸福美满，更与国家的未来、社会的稳定息息相关，其重要性已上升到公共议题的高度。《中华人民共和国家庭教育促进法》的出台，正是顺应这一趋势的关键举措，深刻反映了家庭教育从家庭内部事务迈向公共议题的发展逻辑。

## 一、家庭教育属性的转变：从私域到公域

### 1. 传统观念下家庭教育的私域属性

长久以来，家庭教育被视为家庭的私事，家长是教育的唯一主体，教育内容和方式由家长自行决定。在这种观念下，家庭被看作一个相对独立的空间，家庭教育的成效主要影响家庭内部成员关系以及孩子在家庭环境中的成长。例如，在

一些传统家庭中，长辈对晚辈的教育侧重于家族传统、道德规范的传承，注重培养孩子对家族的认同感和归属感，教育活动主要围绕家庭内部的生活经验和价值观念展开。

2. 社会发展促使家庭教育具有公共属性

随着社会的快速发展，教育资源分布的不均衡、社会竞争的加剧以及未成年人问题的日益凸显，家庭教育的局限性逐渐暴露。一个孩子的成长不仅关系到家庭的未来，更会对社会的发展产生深远影响。缺乏良好家庭教育的孩子，可能在学业、品德、心理健康等方面出现问题，进而给社会带来潜在的负担。比如，部分孩子因家庭教育缺失而出现违法犯罪行为，不仅影响了其自身的前途，也对社会秩序造成了破坏。由此可见，家庭教育不再仅仅是家庭的私事，而是具有了公共利益属性，受到全社会共同关注的话题。

## 二、《中华人民共和国家庭教育促进法》的立法背景与意义

1. 立法背景

在社会转型期，家庭教育面临着诸多挑战。一方面，家长对教育的重视程度不断提高，但教育理念和方法却相对滞后，很多家长在教育孩子时感到困惑和迷茫。另一方面，家庭结构的变化，如单亲家庭、留守儿童家庭的增多，使得家庭教育的难度加大。此外，社会上出现的一些未成年人问题，如校园欺凌、沉迷网络等，也反映出家庭教育的不足。为了

解决这些问题，迫切需要通过立法来规范和引导家庭教育。

2. 立法意义

《中华人民共和国家庭教育促进法》的颁布与实施具有重要的现实意义。它为家庭教育提供了法律依据和指导，明确了家长的教育责任和义务，有助于提升家长的教育能力和水平。法律的约束和引导，能够促进家庭教育的科学化、规范化，为孩子的健康成长创造良好的家庭环境。该法也体现了国家对家庭教育的重视，整合了社会资源，形成了家庭、学校、社会协同育人的良好局面，有利于培养德智体美劳全面发展的社会主义建设者和接班人。

## 三、《中华人民共和国家庭教育促进法》的核心内容解读

1. 家庭责任：明确家长的主体地位与教育内容和方法

（1）主体地位明确

法律规定父母或者其他监护人是实施家庭教育的主体，必须承担起对未成年人进行教育的责任。这强化了家长在家庭教育中的第一责任人意识，促使家长更加重视孩子的成长。例如，家长不能将教育孩子的责任完全推给学校或他人，而应积极参与到孩子的教育过程中。

（2）教育内容指引

针对不同年龄段未成年人的身心发展特点，法律明确了家庭教育的内容，包括培养孩子的家国情怀、道德品质、法

治意识、科学探索精神等。家长要教育孩子爱党、爱国、爱人民、爱集体、爱社会主义，培养他们的社会公德、家庭美德和个人品德，引导孩子树立正确的成才观念和劳动观念。

（3）教育方法倡导

法律倡导家长采用科学的教育方法，如亲自养育、加强亲子陪伴，共同参与，相机而教，潜移默化等。这些方法有助于建立良好的亲子关系，促进孩子的全面发展。家长要尊重孩子的个性差异，根据孩子的年龄和特点进行有针对性的教育，避免使用简单粗暴的教育方式。

2. 国家支持：提供全方位保障与资源支持

（1）政策规划与经费保障

法律规定县级以上人民政府应当制定家庭教育工作专项规划，将家庭教育指导服务纳入城乡公共服务体系和政府购买服务目录，并将相关经费列入财政预算。这为家庭教育的发展提供了政策支持和资金保障，确保家庭教育指导服务能够覆盖到城乡各个角落。

（2）平台建设与队伍培养

法律规定省级以上人民政府应当组织有关部门统筹建设家庭教育信息化共享服务平台，开设公益性网上家长学校和网络课程，开通服务热线，提供线上家庭教育指导服务。县级以上地方人民政府及有关部门应组织建立家庭教育指导服务专业队伍，加强对专业人员的培养，鼓励社会工作者、志愿者参与家庭教育指导服务工作，以提高家庭教育指导服务的质量和水平。

（3）减轻负担与促进配合

法律规定县级以上地方人民政府应当加强监督管理，减轻义务教育阶段学生作业负担和校外培训负担，畅通学校家庭沟通渠道，推进学校教育和家庭教育相互配合。这有助于营造良好的教育生态环境，避免孩子过度劳累，让家庭教育与学校教育形成合力。

3. 社会协同：整合社会资源，形成育人合力

（1）学校与家庭的合作

根据法律规定，学校可以建立家长学校，定期对未成年学生的父母或者其他监护人开展家庭教育培训、咨询和辅导。家长要积极参加学校组织的家庭教育活动，与学校保持密切沟通，与学校共同关注孩子的学习和成长。例如，学校可以通过家长会、家长开放日等活动，向家长传授教育知识和方法，家长也可以向学校反馈孩子在家的情况，与学校共同解决孩子在成长中遇到的问题。

（2）社会组织的参与

根据法律规定，基层群众性自治组织、婚姻登记机关、医疗卫生机构以及其他社会公共机构应当结合自身职能与优势，开展家庭教育指导服务。社会力量可以依法设立非营利性家庭教育指导服务机构，开展家庭教育指导服务活动。这些社会组织的参与，

丰富了家庭教育的资源和形式，为家长提供了更多的学习和交流机会。

（3）社区的作用发挥

社区在家庭教育中发挥着重要作用，可以组织各类家庭教育活动，如亲子阅读、家庭才艺展示等，增进亲子关系，营造良好的家庭教育氛围。社区还可以为留守未成年人和困难未成年人家庭提供关爱服务，帮助他们解决在家庭教育中遇到的困难。

4. 法律责任：强化监督与约束，保障法律实施

（1）对失职家长的干预

根据法律规定，当发现父母或者其他监护人拒绝、怠于履行家庭教育责任，或者非法阻碍其他监护人实施家庭教育时，未成年人住所地的居民委员会、村民委员会、妇女联合会，未成年人的父母或者其他监护人所在单位，以及中小学校、幼儿园等密切接触未成年人的有关单位，应当予以批评教育、劝诫制止，必要时督促其接受家庭教育指导。这体现了法律对家庭教育失职行为的及时纠正和干预，可保障孩子能够得到良好的家庭教育。

（2）司法机关的介入

法律规定公安机关、人民检察院、人民法院在办理案件过程中，发现未成年人存在严重不良行为或者实施犯罪行为，或者未成年人的父母或其他监护人不正确实施家庭教育，侵

害未成年人合法权益的，根据情况对父母或者其他监护人予以训诫，并可以责令其接受家庭教育指导。司法机关的介入，强化了法律的权威性和约束力，对保障未成年人的合法权益起到了重要作用。

从家庭事务到公共议题，家庭教育的发展逻辑体现了社会对家庭教育重要性认识的不断深化。《中华人民共和国家庭教育促进法》的出台，是这一发展过程中的重要里程碑，它为家庭教育提供了法律保障，明确了各方责任，整合了社会资源，推动了家庭教育的科学化、规范化发展。在未来，我们需要进一步加强对该法的宣传和贯彻落实，让家庭教育在法律的引导下，更好地发挥其在培养人才、促进社会和谐稳定方面的战略价值，为孩子的成长创造更加美好的环境，为国家和社会的发展奠定坚实的基础。我们也期待社会各界能够共同努力，不断完善家庭教育体系，让每一个孩子都能在良好的家庭教育环境中茁壮成长，成为国家和社会的栋梁。

# 地域适切篇

家庭教育与地域文化紧密相连。当下城市化和人口流动使家庭教育形态发生显著变化，在哈尔滨市南岗区王岗镇，本地孩子占比39%，外来务工子女占比61%，单亲家庭和隔代教养情况普遍存在，家庭教育面临城乡文化冲突与结构调整的难题。

从文化地理学视角来看，王岗镇的家庭教育体现了农耕文明与工业文明的碰撞。传统“棍棒教育”正朝着现代平等沟通转变，乡土人情网络也影响着儿童的社会性发展。从空间社会学视角来看，“人户分离”家庭存在居住空间碎片化、亲子互动时间少等问题，削弱了家庭教育效果，但流动儿童在城乡文化适应中形成的生存智慧也为家庭教育带来了启示。

通过文化地理学与空间社会学双视角分析我们发现，乡土“耕读传家”传统在现代教育中得以创新，流动家庭在城市边缘构建了韧性教育生态。只有立足于地域和社会关系，才能理解家庭教育的复杂与活力，为解决城乡教育资源不均和家庭结构变化带来的挑战提供本土方案。

# 地域文化与教养方式：文化地理学视角下的变化

在家庭教育领域，教养方式深受多种因素影响，其中地域文化扮演着极为关键的角色。从文化地理学视角审视，不同地域的地理环境、历史传承、社会经济发展等要素共同塑造了独特的地域文化，进而深刻影响着家长的教养理念与行为模式，促使教养方式呈现出丰富多样的变化。

## 一、地域文化与教养方式的整体关联分析

### 1. 地理环境奠定教养基础

地理环境作为地域文化形成的基础要素，对教养方式有着深远影响。在山区，地形复杂、交通不便，生活条件相对艰苦，这使得当地居民形成了坚忍不拔、吃苦耐劳的品格。家长在教养孩子时，会注重培养孩子面对困难的勇气和解决问题的能力。例如，山区的孩子从小就需要参与一些负重劳作、攀爬山路等活动，这不仅锻炼了他们的身体素质，更培

养了他们坚忍的意志。而在沿海地区，渔业和海上贸易发达，人们的生活与海洋紧密相连，海洋文化赋予了他们冒险精神和开放思维。家长往往会鼓励孩子勇于探索未知，培养他们的海洋意识和沟通能力，比如让孩子参与海上作业，学习与不同地区的人进行贸易往来。

2. 历史传承塑造教养理念

历史传承是地域文化的核心组成部分，它承载着一个地区的价值观、道德观和风俗习惯，深刻影响着家长的教养理念。历史悠久、文化底蕴丰厚的地区，其文化传承丰富，家长通常会注重培养孩子对传统文化的认同感和自豪感。像山东省曲阜市，作为孔子的故乡，儒家文化源远流长，当地家长十分重视孩子的品德修养和礼仪教育，从小就教导孩子学习儒家经典，遵循“仁、义、礼、智、信”的道德准则，培养孩子的儒雅气质和高尚品德。而在一些经历过重大历史变革的地区，家长可能会更注重培养孩子的适应能力和变革精神，让他们从历史中汲取经验教训，勇敢地面对未来的挑战。

3. 社会经济发展水平决定教养方向

社会经济发展水平直接影响着家长对孩子教育的投入和期望，决定了教养方向。在经济繁荣的地区，教育资源丰富，家长有更多的条件和机会为孩子提供多元化的教育。除了重视学业成绩，他们还会关注孩子的艺术修养、科技创新能力等综合素质的培养。例如，在一些一线城市，孩子从小就可以参加各种高端的艺术展览、科技竞赛等活动，拓宽视野，提升综合素养。而在经济相对落后的地区，教育资源有限，家长可能更关注孩子能否通过教育改变家庭经济状况，因此更注重孩子的基础知识学习，期望孩子能够在有限的资源条件下努力学习，考上好学校，找到好工作。

## 二、我校[①] 所在的王岗镇的地域文化与教养方式分析

### 1. 地理环境与生活成本影响下的教养倾向

我校位于哈尔滨市南部的王岗镇，这里地势相对平坦，处于城市近郊，既有一定的乡村特色，又受到城市发展的辐射影响。其较低的生活居住成本是吸引众多人口涌入的重要因素之一。与哈尔滨市中心城区相比，这里房价、房租相对便宜，许多从事体力劳动、简单服务业等行业的人员在此落脚。这种地理环境和经济状况使得家长在教养孩子时，更倾向于培养孩子务实、坚忍的品质。由于生活压力较大，家长会让孩子从小参与一些简单的劳动，如帮助家里做些小生意、在周边农田劳作等，让孩子明白生活的不易，懂得珍惜劳动成果。同时，面对城市发展带来的竞争压力，家长也会教导孩子努力学习、提升自己，以改变生活现状。

### 2. 复杂人口构成与历史传承下的教养理念

王岗镇人口构成复杂，既有本地居民，也有大量外来务

① 如无特殊说明，本书中的“我校”均指哈尔滨市王岗镇中心小学校。

工人员。本地居民传承着当地传统文化习俗，在教养孩子方面注重家族观念和传统礼仪的传承。例如，在一些传统节日，家长会带着孩子一起参与祭祀、民俗表演等活动，让孩子了解家族历史和地方文化，培养他们对家乡的热爱和归属感。而外来务工人员大多来自省内农村以及一些中小城镇，他们带来了不同的地域文化，在教养孩子时，一方面保留着家乡的教育特色，注重培养孩子勤劳、朴实的品质；另一方面，也鼓励孩子融入当地生活，适应城市的发展节奏。这种多元的人口构成和文化碰撞，使得王岗镇的教养理念呈现出融合的特点。

3. 社会经济发展与教育资源影响下的教养方式变革

随着社会经济的发展，王岗镇也在不断进步，但与中心城区相比，教育资源仍相对匮乏。过去，家长更关注孩子的学业成绩，希望孩子通过学习走出小镇，改变命运。然而近年来，随着信息的传播和社会观念的转变，家长逐渐意识到素质教育的重要性。尽管无法提供像中心城区那样丰富的教育资源，但他们开始利用当地的自然资源和社会资源，培养孩子的实践能力和兴趣爱好。比如，组织孩子参加乡村文化活动、社区志愿者服务等，让孩子在实践中锻炼自己。同时，当地政府和学校也在积极引入教育资源，举办各类培训和讲座，帮助家长提升教育理念，促进孩子的全面发展。

地域文化与教养方式之间存在着紧密的联系。无论是通过对整体地域的分析，还是通过对我校所在的王岗镇的具体情况的分析，均可以看出地理环境、历史传承和社会经济发展等因素共同构成了地域文化的独特内涵，进而对教养方式产生了深远的影响。不同地域的教养方式各具特色，反映了当地人民的智慧和价值观。在全球化和现代化的背景下，各地域文化相互交流、相互融合，教养方式也在不断发生变化。我们应充分认识到地域文化对教养方式的影响，尊重不同地域的教养特色，取其精华、去其糟粕，促进家庭教育的科学发展，为孩子的成长创造更加有利的环境。未来，随着社会的进一步发展，地域文化与教养方式之间的关系将更加复杂多样，我们需要持续关注和深耕这一领域，不断探索适合孩子成长的最佳教养方式。

# 流动儿童与教育生态：空间社会学视角下的改变

在社会快速发展与城市化进程不断推进的背景下，流动儿童群体规模日益增大，他们的教育问题成为社会关注的焦点。从空间社会学视角深入剖析流动儿童教育生态，能为理解这一复杂社会现象提供新的维度，同时也有助于探寻更有效的教育改善策略。

## 一、空间社会学视角下流动儿童教育生态整体分析

### 1. 空间转换带来的教育资源落差

流动儿童从原住地到流入地，经历了空间的巨大转换。在原住地，他们已适应相对熟悉且稳定的教育环境，但流入地的教育资源分布、教育理念与教学方式往往与原住地之间存在差异。此外，大城市的优质教育资源多集中在某些中心区域，而流动儿童家庭多居住在城市边缘或城中村，这些地区的学校的软硬件设施相对落后，与城市中心学校形成鲜明

对比，存在教育资源分配不均的情况。

2. 社会空间中的身份认同困境

流动儿童在流入地处于特殊的社会空间位置，他们既不属于当地的主流社会群体，又与原住地产生一定的疏离。这种身份认同困境反映在教育中，表现为他们在流入地学校可能遭受同学的排斥或误解，难以融入新的校园文化，进而影响其学习积极性和心理健康，阻碍其在教育场域中的发展。

3. 家庭居住空间对教育的制约

流动儿童家庭居住空间往往狭小、拥挤且不稳定，频繁搬家是常态。不稳定的居住环境使得孩子难以拥有固定的学习空间，也影响了其学习的连贯性和稳定性。同时，家庭居住社区的文化氛围和社会关系网络也对教育产生影响，较差的社区环境缺乏学习激励因素，不利于孩子成长。

## 二、家庭状况对流动儿童教育影响分析

王岗镇大量涌入的外来务工人员家庭，因经济条件限制，在孩子教育投入上有心无力。这类家庭的家长大多从事低薪工作，与孩子居住在简陋的出租屋中，而孩子缺乏安静的学习环境和丰富的课外资源，且缺少父母陪伴。孩子易自卑、缺乏学习积极性，在教育生态中处于劣势，难以获得与本地儿童同等的教育发展机会。

从家庭状况来看，流动儿童家庭可分为农村居民家庭婚

姻不稳定家庭、普通家庭等。

1. 农村居民家庭

一些农村居民家庭中的青壮年外出务工，形成了类似于留守儿童家庭的模式。这类流动儿童缺乏父母的陪伴与情感关怀，隔代教养观念和能力有限，无法给予孩子有效的学业指导和心理支持。孩子在成长关键期缺失家庭温暖，易出现情感问题和学习动力不足等问题，影响其在教育过程中的全面发展。

3. 婚姻不稳定家庭

这类家庭的孩子承受着巨大的心理压力，家庭结构变动导致孩子转学，其社交关系和学习成绩受到影响。家庭教育缺失不利于孩子健全人格的形成，可能导致其在教育生态中面临重重困难，难以保持良好的学习状态和发展轨迹。

4. 普通家庭

尽管王岗镇普通家庭都在努力为孩子提供良好的教育条件，但多数家庭面临着经济和社会压力，亲子沟通时间较少，还存在影响家庭和谐与孩子成长的一些不利因素。这些共性问题间接影响流动儿童的教育生态，破坏家庭对孩子教育的积极作用。

## 三、我校流动儿童教育生态情况分析

1. 学生构成与教育挑战

我校学生中有一定比例的流动儿童，涵盖了上述不同类型家庭的孩子。其中，外来务工人员家庭的孩子在学习基础和学习习惯上参差不齐，部分孩子因家庭频繁搬迁而导致学习进度脱节；留守儿童因长期缺乏父母监管，在行为习惯和学习态度方面存在较多问题；婚姻不稳定家庭的孩子心理问题较为突出，需要更多心理辅导和关注。

2. 学校教育措施与成效

针对这些问题，我校采取了一系列措施。例如，为外来务工人员家庭的孩子提供免费课后辅导，弥补其在课外辅导资源方面的不足；针对留守儿童，开展“一对一”帮扶活动，安排教师定期与他们谈心，关注其心理和学习状况；针对婚姻不稳定家庭的孩子，设立专门的心理咨询室，配备专业心理教师进行心理干预。通过这些措施，部分孩子的学习成绩和心理状态得到改善。但我校仍面临诸多挑战，如师资力量有限，难以满足所有孩子的需求；教育资源无法完全弥补由家庭因素造成的教育差距。

王岗镇家庭状况的多样性深刻影响着流动儿童的教育生态，从空间社会学视角看，家庭居住空间、社会空间身份认同等因素交织在一起，形成复杂的教育困境。我校在应对流动儿童教育问题上虽取得一定成效，但仍需各方共同努力。未来，需要政府加大教育资源投入，均衡教育资源分配；社区发挥作用，营造良好社区教育氛围；家庭提高教育意识，改善教育方式。只有这样，才能打破流动儿童教育生态的困境，让每一个孩子都能在公平、优质的教育环境中茁壮成长。

# 家校协同篇

家校协同是破解教育资源不均问题的关键。在王岗镇，占比61%的流动家庭与占比39%的本地家庭均面临代际沟通障碍、教育资源分配不均等问题，传统的“学校教、家庭养”模式已难以满足当前教育需求。

本篇从帕累托最优视角探讨家校合作优化路径：如何通过制度设计实现双方利益最大化？在流动儿童占比超六成的背景下，学校需通过“教育契约”明确家长参与边界，同时保障资源缺乏家庭的权益。此外，聚焦家长角色转型，分析传统家长学校“知识灌输”的局限性，提出向“能力培养”升级的策略——针对隔代教养家庭，加强沟通培训，为务工家长构建“微课程＋实践指导”混合支持体系。

有研究表明，家校协同的本质是重构教育权力关系：既避免学校主导的“家长工具化”，又防止家庭过度参与引发“内卷”。王岗镇实践探索出“双向赋权”模式——学校以专业指导提升家庭教育能力，家庭以需求反馈倒逼学校改革。这种动态平衡，既是城乡教育资源均衡的突破口，也是现代教育生态构建的必由之路。

# 家校合作的最佳模式：实现资源分配最优，重构教育契约

在教育领域，家庭和学校作为影响孩子成长的两大关键主体，其合作的紧密程度与成效，深刻影响着孩子的教育质量与未来发展。如何达成家校合作的理想状态，让家庭与学校的资源得到最优化配置，实现孩子教育利益最大化，成为教育界亟待解决的重要课题。引入经济学中的帕累托最优理论，并对教育契约进行重构，为探寻家校合作的最佳模式提供了全新的思路与方法。

## 一、帕累托最优理论与教育领域的关联

### 1. 帕累托最优的概念阐释

帕累托最优是指资源分配的一种理想状态，即在不使任何人境况变坏的情况下，不可能再使某些人的处境变好。在这种状态下，所有的资源配置均已达到一种平衡，任何改变都无法带来更优的结果。将这一理论引入教育领域，意味着在家庭和

学校的合作过程中，要充分调配双方资源，使得孩子在学业、品德、身心发展等多方面获得最大限度的提升，同时家庭和学校在投入精力、资源等方面达到一种高效且平衡的状态。

2. 帕累托最优在教育实践中的体现

在教育实践中，帕累托最优体现为家庭和学校协同合作，能够充分挖掘孩子的潜力，让孩子在有限的教育时间内，获得知识、技能、情感等多维度的成长。例如，家庭注重培养孩子的品德和生活习惯，学校注重知识传授和学业指导，两者相互配合、互不干扰且能形成合力，使孩子在全面发展的道路上不断前进，而家庭和学校也无须过度投入额外的资源或精力，就可实现教育效益最大化。

## 二、当前家校合作存在的问题与教育契约的现状分析

1. 家校合作存在的问题

（1）职责不清

家庭和学校对于各自在孩子教育中的职责划分不明确，常出现互相推诿或过度干预的情况。例如，有些家长认为对于孩子的知识传授和学业指导完全是学校的责任，而学校则希望家长承担更多的课后辅导任务，这导致双方在教育过程中难以形成有效配合。

（2）沟通不畅

家校之间缺乏有效的沟通机制，信息传递不及时、不准确。

学校的教育理念、教学计划等不能及时传达给家长，家长对孩子在学校的表现和学习情况也了解不足，这严重影响家校合作的效果。

（3）资源整合不足

家庭和学校拥有各自的教育资源，但在实际合作中，未能充分整合这些资源。家庭的社会关系资源、生活实践资源与学校的教学设施、师资等未能有机结合，造成资源的浪费和教育效果受限。

2. 教育契约的现状分析

现有的教育契约多为隐性契约，缺乏明确的条款和规范。学校与家庭之间对于权利和义务的界定模糊，在出现教育分歧或问题时，难以依据契约进行有效的协调和解决。同时，这种隐性契约缺乏动态调整机制，无法适应教育环境的变化和孩子在成长过程中的不同需求。

## 三、重构教育契约，实现家校合作的帕累托最优

1. 明确家校双方的权利与义务

通过制定明确的教育契约，清晰界定家庭和学校在孩子教育中的权利与义务。例如，家庭有权利了解孩子在学校的学习和生活情况，有义务配合学校开展家庭教育活动，关注孩子的品德和心理健康；学校有权利要求家长配合学校的教育教学工作，有义务为孩子提供优质的教育资源和教学服务，

及时反馈孩子的学习进度和在校表现。

2. 建立有效的沟通与协调机制

在教育契约中，应规定家校双方定期沟通的方式和频率，如家长会、家访、搭建线上沟通平台等。同时，建立问题协调机制，当出现教育分歧或问题时，双方能够依据契约中的规定，通过协商、调解等方式及时解决，确保家校合作的顺利进行。

3. 促进资源共享与整合

教育契约应明确家庭和学校在资源共享方面的责任和义务。学校可以向家长开放图书馆、实验室等教学场所，家长可以为学校提供社会实践基地、课外辅导志愿者等资源。通过资源的共享与整合，实现教育资源的最大化利用，提升教育效果。

## 四、家校合作模式设计

1. 项目式合作模式

学校根据教学目标和学生需求，设计一系列教育项目，如科技制作、文化探究等。家长以志愿者或资源提供者的身份参与项目，与学校教师共同指导学生。例如，在“家乡文化探索”项目中，家长可以分享自己的生活经历和文化知识，协助学校组织实地考察，让学生在实践中深化对家乡文化的理解，同时增进家长与学校之间的互动。

2. 分层合作模式

根据学生的年龄、学习阶段和个性特点，将家校合作分为不同层次。在小学低年级阶段，重点是家长参与学校的亲子活动，培养孩子的学习兴趣和习惯；在小学高年级阶段则侧重于家长参与学业辅导和兴趣培养；在中学阶段，家长更多地参与到学生的学业规划和心理辅导中，与学校共同为学生的未来发展出谋划策。

3. 数字化合作模式

借助现代信息技术，搭建家校合作数字化平台。学校可以通过平台发布教学计划、学生在校表现等信息，家长可以实时查看这些信息并反馈意见。同时，平台还可以提供在线课程、教育资源共享等功能，方便家长在家中对孩子进行辅导和教育，打破知识教育在时间和空间上的限制，提高家校合作的效率。

重构教育契约是实现家校合作帕累托最优的关键路径。通过明确权利与义务、建立沟通与协调机制、促进资源共享与整合，家庭和学校能够在孩子的教育过程中形成紧密的合作关系，实现教育资源的优化配置和教育效果的最大化。而设计多样化的家校合作模式，能进一步推动家校合作的深入开展。未来，随着教育理念的不断更新和教育技术的不断发展，还需对家校合作的模式进行不断探索和创新，以适应新时代对人才培养的需求，为孩子的学习成长创造更加优质的教育环境。

# 家长学校的突破：从知识传授转向能力培养

在当今教育体系中，家长学校作为连接家庭与学校教育的重要桥梁，发挥着不可忽视的作用。传统的家长学校多侧重于知识传授，如儿童心理学知识、教育理论知识等，期望家长通过学习这些知识来改善家庭教育状况。然而，随着教育理念的不断更新和社会对人才培养需求的不断变化，这种以知识传授为主的模式逐渐显露出局限性。实现从知识传授到能力培养的转变，成为家长学校突破发展瓶颈、提升教育实效的关键所在。

## 一、传统家长学校的现状及弊端

### 1. 现状剖析

目前，多数家长学校的课程设置以理论知识讲解为主。家长学校定期邀请教育专家举办讲座，内容涵盖儿童成长规律、学习方法指导等基础知识。教学方式也较为单一，主要是专家台上讲、家长台下听，互动环节较少，缺乏实践操作。

例如，在讲解儿童心理发展阶段特点时，多是理论阐述，家长难以将抽象知识与实际育儿场景结合起来。

2. 弊端分析

（1）知识转化率低

家长虽接收了大量知识，但在实际家庭教育中，由于缺乏将知识转化为行动的能力，很多知识无法落地应用。例如，家长知道要培养孩子的自主学习能力，但不知道应该如何引导孩子制订学习计划、培养学习习惯。

（2）忽视个体差异

统一的知识传授无法满足不同家庭、不同孩子的个性化需求。每个家庭的教育环境、孩子的性格特点各不相同，千篇一律的知识讲解难以解决家长面临的具体问题。

（3）缺乏持续性

单纯的知识传授难以激发家长持续学习的动力。活动结束后，学习热情迅速减退，难以形成长期的家庭教育学习氛围。

## 二、向能力培养转变的关键维度

1. 沟通能力培养

良好的沟通是家庭教育的基石。家长学校应致力于培养家长与孩子有效沟通的能力，包括倾听技巧、表达方法和情绪管理。例如，通过角色扮演、案例分析等方式，让家长学会如何倾听孩子的心声，理解孩子的情绪，用恰当的语言与孩子交流，避免简单粗暴地说教。

2. 引导能力培养

引导孩子树立正确的价值观、培养良好的学习和生活习惯是家长的重要职责。家长学校可通过开展小组讨论、实践活动等，帮助家长掌握引导孩子的方法和策略，如引导孩子制定目标并逐步实现，培养孩子的自律能力和责任感等。

3. 问题解决能力培养

在家庭教育中，家长不可避免地会遇到各种问题，如孩子叛逆、学习成绩下滑等。家长学校应设置针对性的课程，通过模拟真实场景，让家长学会分析问题、制定解决方案，提升其应对教育难题的能力。

## 三、实现转变的方法

1. 课程体系重构

家长学校应摒弃传统单一的知识讲解课程体系，构建以能力培养为核心的课程体系。增加实践课程比例，如亲子互动实践课、家庭教育案例研讨课等，让家长在实践中提升能力。同时，根据不同年龄段孩子的特点和家长需求，设置分层课程，满足其个性化学习需求。

2. 教学方法创新

家长学校应采用多样化的教学方法，如体验式教学、小组合作学习、项目式学习等。例如，组织家长参与亲子拓展活动，使其在活动中体会沟通与引导的重要性。组织家长通过小组合作完成家庭教育项目，共同探讨解决问题的方法。

3. 师资队伍建设

家长学校应打造一支专业的师资队伍，不仅要有教育理论专家，还应吸纳一线教师、心理咨询师、家庭教育指导师等。这些专业人员能够从不同角度为家长提供指导，提升家长学校的教学质量。

## 四、转变带来的积极影响

1. 提升家庭教育质量

家长能力的提升能直接作用于家庭教育，使家庭教育更加科学、有效，促进孩子在品德、学业、身心等方面全面发展，使孩子在良好的家庭氛围中健康成长，并使亲子关系更加和谐。

2. 增强家长学校的吸引力和影响力

以能力培养为导向的家长学校更能满足家长的实际需求，吸引家长积极主动参与，增强家长学校的吸引力和影响力，提升家长学校的知名度和社会认可度，从而在更大范围内推动家庭教育水平的提升。

家长学校从知识传授转向能力培养是教育发展的必然趋势，也是提升家庭教育质量的关键举措。通过课程体系重构、教学方法创新和师资队伍建设等多方面努力实现这一转变，将为孩子的成长创造更优质的家庭教育环境。未来，家长学校应不断探索和完善能力培养模式，结合时代发展和教育需求持续创新，为家庭教育赋能，助力孩子全面发展。

# 文化基因篇

家庭教育的深层密码藏在代际传递的文化基因中。在王岗镇城乡文化交汇的特殊场域，代际文化传承与创伤传递成为家庭教育的重要维度。如何激活传统家训的现代价值？怎样打破代际创伤的恶性循环？这些问题值得深思。

本篇从文化社会学视角探讨了传统家训的创造性转化：王岗镇祖祖辈辈传承的“勤俭持家”“耕读传家”古训，如何与现代公民教育融合；针对流动家庭文化无根性，能否通过建立“家族文化基因库”帮助儿童锚定身份。此外，本篇还聚焦家庭系统动力学，分析了代际创伤传递机制：单亲家庭情感缺失、务工父母焦虑如何影响儿童发展；学校如何通过心理支持与家校协同打破“创伤—防御—再创伤”循环。

研究表明，文化基因并非单项作用的存在，它既会因自身的稳定性而带来适配新变化的局限性，其可传承、可创新的特性又使其成为可支持事物发展的动力。在实践中，传统家训通过“古训新解”课程重获生命力，学校“家庭治疗工作坊”能有效缓解代际冲突。唯有在尊重文化多样性的基础上重构传统与现代对话机制，才能让家庭教育成为滋养生命的根系，而非传递创伤的管道。

# 传统家训的现代化转变：传统文化资源的再利用

家训作为中华传统文化的重要组成部分，承载着先辈们给予家族成员的道德规范、行为准则以及人生智慧方面的教诲。从古至今，家训在维系家族秩序、传承家族文化、培养后代品德等方面发挥了关键作用。然而，随着时代的快速发展，社会结构、生活方式和价值观念发生了巨大变化，传统家训面临着新的挑战。如何对家训这一传统文化资源进行再利用，实现其现代化转变，使其在当代社会中继续发挥积极作用，成为我们亟待思考和探索的重要课题。

## 一、传统家训的内涵与价值

### 1. 丰富的内涵

传统家训涵盖了修身、齐家、治国、平天下等多个层面。在修身层面强调个人品德修养，如诚实守信、尊老爱幼、谦虚谨慎等；在齐家层面注重家庭关系的维护，倡导夫妻和睦、兄弟友爱、父慈子孝；在治国和平天下层面注重培养家族成员的社会责任感和家国情怀，鼓励他们积极进取、为社会做贡献。例如《颜氏家训》中就有“整齐门内，提撕子孙”的教诲，强调对家族成员的教育和管理。

2. 重要价值

（1）道德传承

传统家训将中华民族的传统美德代代相传，使之成为家族成员道德行为的指引。像“勿以善小而不为，勿以恶小而为之”的理念，通过家训传承，可以培养家族成员的善恶观和道德底线。

（2）文化延续

传统家训承载着家族独特的文化基因，使家族文化得以延续和发展。不同家族的家训可能蕴含着独特的地域文化、职业文化等，丰富了中华文化的内涵。

（3）家族凝聚

传统家训增强了家族成员之间的认同感和归属感，促进了家族的团结与和谐。共同遵循的家训让家族成员在情感和行为上紧密相连。

## 二、传统家训面临的现代挑战

1. 社会结构变化

在现代社会中传统的大家庭模式逐渐转变为小家庭模式，家族聚居的情况减少，家族成员之间的联系相对松散，传统家训的传播和执行缺乏紧密的家族环境。

2. 价值观念多元

现代社会价值观念多元化，传统家训中的一些观念与现代观念存在冲突。例如传统家训中强调的“绝对服从长辈”在现代平等观念下就受到了挑战，需要对其进行重新审视和调整。

3. 传播方式变革

传统家训主要通过口口相传、书面传承等方式传播，在信息时代，这种传播方式的影响力有限。虽然现代媒体和网络提供了丰富的信息传播渠道，但传统家训仍然缺乏有效的传播渠道和方式。

## 三、传统家训的现代化转变策略

以《朱子家训》为例，其开篇提到“黎明即起，洒扫庭除，要内外整洁”，在现代社会，可从多方面进行转变。

1. 内容创新

（1）融入现代理念

将现代社会所倡导的平等、民主、法治、创新等理念融入家训内容。如对于《朱子家训》中的这一条，可进一步延伸为培养家庭成员的环保意识和公共卫生观念，不仅要自家庭除整洁，更要关心社区、公共环境的卫生。同时，鼓励家庭成员积极参与环保公益活动，培养社会责任感，让孩子在家庭决策中有一定的发言权，增强其自主决策能力。

（2）契合时代需求

根据当代社会的发展需求，对传统家训进行适应性调整。在科技飞速发展的今天，除了保持勤劳早起的传统外，还可以强调利用早晨的时间进行学习和锻炼，提升自身科学素养和身体素质。同时，引导家族成员正确使用互联网等现代技术，利用早起后的碎片化时间学习知识、拓宽视野。

2. 传播方式创新

（1）利用新媒体平台

借助微信公众号、短视频等新媒体平台，制作生动有趣的家训主题内容。比如制作关于《朱子家训》中“黎明即起”的动画短片，展现一家人早起后进行晨练、学习，共同维护家庭和社区环境的场景，以吸引更多人关注和学习家训。再如，还可以录制讲解《朱子家训》现代意义的音频，在喜马拉雅等音频平台发布，方便人们随时收听。

（2）开展交流活动

学校可组织家训分享会、家庭文化节等活动。在活动中，邀请不同家庭分享对《朱子家训》的理解和践行方式，如有的家庭分享如何将 “洒扫庭除”的传统延伸到社区环境维护中，大家互相交流经验，扩大家训的传播范围和影响力。

3. 家庭实践创新

（1）建立家庭仪式

通过家庭会议、节日庆典等家庭仪式，强化家训的传承和实践。例如在春节家庭聚会时，设置“家训故事分享”环节，让家庭成员讲述自己践行《朱子家训》中“黎明即起”的经历，分享早起给自己带来的收获，如学习进步、身体健康等。

（2）亲子共同参与

鼓励家长和孩子共同参与家训的制定和完善。比如家长和孩子一起讨论如何将《朱子家训》中的理念与现代生活更好地结合起来，制订家庭的环保计划、学习计划等。这个过程不仅能增进亲子之间的沟通与理解，而且能让孩子更深入地理解和认同家训。

## 四、传统家训现代化转变的积极影响

1. 促进家庭和谐

新的家训内容和实践方式有助于家庭成员之间建立更加平等、和谐的关系，减少家庭矛盾，营造良好的家庭氛围。

2. 推动社会文明进步

良好的家训可培养出具有良好品德和社会责任感的公民，众多家庭的文明进步汇聚起来，将推动整个社会文明程度的提升。

3. 传承和发展传统文化

通过传统家训的现代化转变，传统文化在当代社会中将焕发出新的活力，从而实现传统文化的创造性转化和创新性发展。

传统家训的现代化转变是对传统文化资源的有效再利用，也是适应时代发展的必然选择。通过内容创新、传播方式创新和家庭实践创新等策略，传统家训能够在现代社会中继续发挥其重要价值。未来，我们应不断探索和完善家训的现代化转变路径，让家训这一传统文化瑰宝在新时代绽放出更加耀眼的光芒，为家庭幸福、社会和谐和文化繁荣做出更大贡献。

# 阻断代际创伤传递：从学校视角帮助孩子与家庭

在一个家庭里，有一种看不见的“伤痛暗流”，悄悄地影响着家里每个人的心理健康和生活，这就是代际创伤传递。简单来说，就是长辈们以前经历过的特别糟糕的事，像暴力、大灾难，或者长期生活穷苦，不仅让他们自己的心理受了伤，还会不知不觉地传给下一代，就像是一种“家庭心理遗传”。对于小学教师来说，了解怎么打破这种代际创伤传递，对改善孩子的心理健康状况、家庭关系，以及使整个社会变得更美好，都特别重要。

## 一、代际创伤是怎么形成和传递的

### 1. 形成机制

身体里的变化：当一个人经历了特别可怕的创伤事件后，其身体里的一些物质会发生改变。比如，总是处在紧张、害怕状态中的人，其身体里有个叫下丘脑–垂体–肾上腺轴的系统就会变得特别活跃，分泌的一种叫皮质醇的激素的水平也不正常了。这种身体里的物质变化会影响一个人的情绪控制、思考方式和行为习惯，也为以后把这种创伤传给下一代埋下了隐患。

心里的防御办法：那些受过创伤的人，为了让自己不那么难受，会想出一些办法来保护自己，比如把痛苦的事藏在心里不去想（压抑），不承认自己受过伤（否认），或者把自己的坏情绪转移到别人身上（投射）。这些办法刚开始可能有一些作用，但时间长了，那些创伤记忆和不良情绪就被压到了潜意识里，一直得不到解决，慢慢地，这个人的心理状态就不好了，其与家里人之间的相处方式也会受到影响。

2. 传递方式

（1）模仿大人的行为

孩子在成长的过程中，很喜欢模仿爸爸、妈妈或者爷爷、奶奶及外公、外婆的行为。要是长辈们因为受过创伤而有了一些不好的习惯，如酗酒、爱发脾气，或者特别容易焦虑，那么孩子就可能跟着学，模仿其行为，把这些不好的习惯带到自己的生活里。

（2）感受大人的情绪

家庭气氛对孩子的心理成长特别关键。如果爸爸、妈妈受过创伤，他们心里的害怕、难过、生气等不良情绪就会传递给孩子。孩子长时间处在这样的情绪环境里，自己也会变得情绪不稳定，心理也容易出问题。

（3）继承大人的想法

受过创伤的人，看世界的眼光、对自己的看法都会变得与常人有所不同，比如觉得世界很危险、不相信别人、非常缺乏自信等。这些想法会通过日常沟通交流、教育孩子的方式等影响下一代。所以下一代在遇到问题的时候也可能会用这种想法去看问题。

## 二、阻断家庭心理遗传的办法

### 1. 从个人角度帮助孩子和家长

（1）寻求专业的心理帮助

对于那些受过创伤的家长或者孩子，找专业的心理咨询师或者心理治疗师帮忙，是很重要的一步。有很多心理治疗的方法，像认知行为疗法，能帮助家长和孩子发现自己在想法和行为上存在的不妥之处，然后帮助他们纠正这些问题，让创伤带来的焦虑、难过等不良情绪得到改善；还有眼动脱敏再处理疗法，就是让他们一边回忆创伤，一边做眼球运动或者给予其他刺激，这样能减轻创伤记忆带来的痛苦。教师可以多了解这些方法，然后推荐给有需要的家长。

（2）鼓励自我成长和发现问题

家长和孩子可以通过读一些心理学相关书籍或参加心理成长相关活动来更好地了解自己，并学会控制情绪。要能发现自己产生不良情绪和行为背后的真正原因，知道自己可能受到了家里代际创伤的影响，然后主动去改变。比如说，通过冥想、正念练习等方法，让自己更能感觉到自己的情绪，当有不良情绪产生时能马上发现，然后用积极的办法去处理，而不是被情绪“牵”着走。教师可以在家长会上介绍一些适合家长和孩子一起做的自我成长小活动。

2. 从家庭角度做出改变

（1）进行家庭治疗

家庭治疗就是把一家人当成一个整体来进行心理治疗，通过改善家庭成员之间说话、相处的方式及家庭氛围，来解决家庭中存在的问题。在存在代际创伤传递的情况下，家庭治疗能让家庭成员更好地理解彼此的感受和需要，优化以前不恰当的相处模式，改善家庭关系。比如，结构家庭治疗法会帮助家庭成员调整其在家庭中扮演的角色和明确其做事的界限，让家庭成员之间沟通得更顺畅、相处得更融洽；家庭系统疗法会让家庭成员在保持自己独立的同时，还能和家人关系亲密。学校可以和专业的心理机构合作，为家长讲解家庭治疗的优点，还可以组织一些简单的家庭治疗体验活动，让家长和孩子感受家庭治疗带来的益处。

（2）营造积极的家庭氛围

家庭氛围对每个家庭成员的想法、行为和心理状态影响很大。如果家庭氛围开放、包容、互相尊重，鼓励大家说出自己的感受，互相支持，就能阻断代际创伤传递。比如，可以定期召开家庭会议，让每个家庭成员都能说出自己的想法，一起制定家里的规矩和目标；还可以在家里营造爱学习、爱进步的氛围，让大家都能不断变好，有积极的生活态度。教师可以给家长布置一些小任务，比如让他们每周和孩子一起做一件有意义的事，然后在家长群里分享，帮助他们改善家庭氛围。

3. 从社会角度提供支持

（1）提供政策支持和资源

政府应该出台一些政策，协同相关社会组织机构给受过创伤的家庭提供一些帮助。比如，设立专项资金用以支持和创伤有关的研究及心理干预项目；给这些家庭提供免费或者优惠的心理咨询和治疗服务，让他们能及时得到帮助；在社区里建立心理健康服务中心，为社区居民讲解心理健康知识，并教授一些应对创伤的方法。学校可以和社区合作，组织家长去参加这些心理健康活动。

（2）组织宣传文化活动

相关部门或组织机构可通过组织宣传文化活动，让全社会都关注心理健康，重视家庭关系。比如，利用电视、网络等平台为公众讲解心理健康知识，宣传好的家庭价值观；举办一些和心理健康有关的活动，如讲座、文艺表演，让公众更了解代际创伤，正视心理问题，让更多人能勇敢面对和解决家庭心理遗传的问题。学校可以组织一些亲子心理健康活动，邀请家长和孩子一起参加，在活动中宣传这些知识。

代际创伤传递是一个很复杂的心理现象，和个人、家庭、社会密切相关。要想阻断这种传递，需要用心理学的知识和方法，从个人心理帮助、家庭关系调整和社会支持等方面做出努力，形成一个全面的帮助体系。随着心理学研究越来越深入，公众越来越重视心理健康，相信未来定会有更多更好的办法，帮助更多家庭摆脱代际创伤带来的影响，让每个家庭成员都能心理健康。小学教师在这个过程中也能发挥很大的作用，可通过多了解相关知识来帮助家长和孩子，为孩子创造一个良好的成长环境。

# 时代命题篇

在“教育内卷”与家庭结构不断变化的当下，家庭教育面临着前所未有的时代难题。“分数至上”的竞争态势逐渐扭曲了家庭教育的初心，“不能输在起跑线上”的焦虑更是对亲子关系造成了损害。在此情形下，家庭教育怎样才能消除功利性，坚守育人的本质，家庭又该如何维护其作为孩子情感港湾的核心价值，成为亟待解决的重要问题。

过度竞争使得家庭教育出现了异化现象，一些家长把自身的生存焦虑转嫁给孩子，进而引发了全民性的非理性教育竞争。为应对这一状况，需要采取“价值坚守”策略，学校可借助生涯规划教育等手段，引导家庭回归育人的本质。此外，根据家庭系统动力学理论可知，家庭微环境对孩子的成长起着关键作用。通过情感联结干预，能够改善单亲家庭的情感补偿机制；通过优化沟通模式，能够解决隔代教养中的文化冲突问题。

实践证明，家校携手合作树立理性教育观念、利用社区资源营造支持性家庭环境的“双轨干预”模式，既能为孩子抵御社会焦虑提供精神保障，也能为家庭教育的现代化转变提供可行的方法。

# 反对过度竞争：家庭教育在“内卷时代”的价值坚守

在当今社会，“内卷”成为热门词汇，形象地描绘了一种过度竞争的社会状态。从教育领域的升学竞争，到职场的晋升角逐，人们似乎陷入了一场永无止境的竞赛。其中，在教育领域的竞赛中，家庭教育作为孩子成长的基石，面临着巨大的挑战与考验。如何在“内卷时代”坚守家庭教育的价值，引导孩子健康成长，成为每个家长和教育工作者都需要深入思考的问题。

## 一、“内卷时代”过度竞争的现状剖析

### 1. 教育领域的白热化竞争

在教育方面，升学压力使得竞争越发激烈。从幼升小开始，家长就为给孩子争取优质教育资源而忙碌，在各种培训班、辅导班之间奔波。为了进入重点学校，孩子不仅要在学业成绩上出类拔萃，还要具备各类特长，如艺术、体育等方面的特长。

这种竞争导致孩子的课余时间被大量占据，承受着巨大的学习压力。

2. 职场竞争的延伸影响

激烈的职场竞争也延伸到了家庭教育中。家长担忧孩子未来在职场中难以立足，因此在孩子小时候就开始为其规划职业道路，过早地灌输竞争意识，期望孩子在未来的职场竞争中脱颖而出。这使得孩子在成长过程中过早地背负上职业竞争的压力，失去了童年应有的快乐和自由探索的空间。

## 二、过度竞争对家庭教育的冲击

1. 扭曲教育目标

过度竞争使得家庭教育的目标逐渐偏离孩子的全面发展，转而聚焦于成绩和竞争优势。家长过于关注孩子的考试分数和排名，忽视了孩子的兴趣培养、品德塑造和身心健康等，导致孩子成为学习的“机器”，缺乏内在的学习动力和对生活的热爱。

2. 破坏亲子关系

为了让孩子在竞争中取得优势，家长往往对孩子提出过高的要求，频繁督促孩子学习，施加高强度的压力，这容易引发亲子之间的矛盾和冲突。孩子在高压下可能会对家长产生抵触情绪，使亲子关系变得紧张，家庭原本应有的温暖和支持氛围被破坏。

3. 增加孩子的心理负担

过度竞争带来的压力使孩子长期处于焦虑状态，容易出现自卑、抑郁等心理问题。一些孩子在面对激烈竞争时，会因为害怕失败而产生逃避心理，缺乏面对挫折的勇气和能力，进而对其未来的社会适应能力和心理健康产生影响。

## 三、家庭教育应坚守的价值

1. 培养孩子的健全人格

家庭教育的首要价值在于培养孩子的健全人格，包括良好的品德、积极的人生态度、社会责任感和团队合作精神等。家长应注重引导孩子树立正确的价值观，使其学会尊重他人、关爱他人，并注重培养孩子的同理心和善良品质，让孩子成为一个有道德、有担当的人。

2. 激发孩子的内在兴趣

兴趣是最好的老师。家庭教育应致力于发现和激发孩子的内在兴趣。家长要给予孩子足够的时间和空间去探索世界，鼓励孩子尝试不同的事物，观察孩子的兴趣点之所在，并提供相应的支持和引导。通过兴趣培养，孩子能够找到自己所热爱的事物和天赋，从而获得持续的学习动力和满足感。

3. 关注孩子的身心健康

身心健康是孩子成长的基础，家庭教育应将其放在重要位置。家长要关心孩子的身体健康，培养孩子良好的生活习惯和运动习惯。同时，家长也要关注孩子的心理健康，及时发现孩子的情绪问题并给予支持和疏导。此外，家长应为孩子营造一个轻松、和谐的家庭氛围，让孩子在关爱中茁壮成长。

## 四、家庭教育坚守价值的践行路径

### 1. 树立正确的教育观念

家长要摒弃过度竞争的教育观念，认识到孩子的成长是一个多元的过程，成绩并非衡量孩子的唯一标准。尊重孩子的个性差异和发展节奏，不要盲目与他人攀比，关注孩子的全面发展和内心需求。

### 2. 营造宽松的家庭氛围

减小家庭中的竞争压力，营造宽松、自由的家庭氛围。家长要鼓励孩子自由表达自己的想法和感受，家庭成员之间要相互尊重、平等交流。家长可在家庭中开展各种有益的活动，如亲子阅读、户外运动等，增进亲子关系，让孩子在快乐中成长。

### 3. 合理规划孩子的成长路径

家长要根据孩子的兴趣和特长合理规划孩子的成长路径。不要强迫孩子参加不感兴趣的培训班和活动，而要为孩子提供多样化的选择，让孩子在自己擅长的领域中发挥优势，实现自我价值。同时，家长也要引导孩子树立正确的竞争观念，让孩子明白竞争的目的是提升自己，而不是打败他人。

在这个“内卷时代”，家庭教育面临着诸多挑战，但也肩负着重要的使命。只有坚守培养健全人格、激发内在兴趣和关注身心健康这一价值观，家长才能引导孩子在面对过度竞争时保持清醒，健康成长。未来，希望更多的家长能够认识到家庭教育的真正价值，摒弃“过度竞争”的观念，为孩子创造一个充满爱与支持的成长环境，让每个孩子都能在自己的人生道路上绽放光彩，共同推动社会朝着更加和谐、健康的方向发展。

# 家庭氛围的重要性：温暖环境如何助力孩子成长

家庭，作为孩子成长的第一课堂，其氛围对孩子的影响深远且持久。从孩子呱呱坠地的那一刻起，家庭氛围就如同一股无形的力量，潜移默化地塑造着他们的性格、价值观和行为模式。温暖、和谐的家庭氛围，就像阳光和雨露，滋养着孩子，使其茁壮成长；而冷漠、紧张的家庭环境，则可能给孩子的心灵蒙上阴影，阻碍其健康发展。因此，深入探讨家庭氛围的重要性，以及如何营造温暖的家庭环境，对于孩子的成长具有至关重要的意义。

## 一、家庭氛围的内涵与类型

### 1. 家庭氛围的内涵

家庭氛围是指家庭成员之间相互作用、相互影响而形成的一种心理环境，它涵盖了家庭中的情感交流、沟通方式、行为习惯以及家庭价值观等多个方面。这种氛围是家庭生活的基调，反映了家庭成员之间的关系状态和情感质量。

2. 常见家庭氛围的类型

（1）温暖和谐型

家庭成员之间相互关爱、尊重，沟通顺畅，遇到问题能共同协商解决。这样的家庭充满了欢声笑语和支持鼓励，孩子在其中能感受到强烈的归属感和安全感。

（2）紧张冲突型

家庭成员之间经常发生争吵、矛盾，沟通方式多为指责和抱怨。这种家庭氛围会让孩子长期处于紧张、恐惧的情绪中，对其心理健康造成极大的负面影响。

（3）冷漠疏离型

家庭成员之间缺乏情感交流，彼此之间关系淡漠，各自为政。孩子在这样的家庭中容易感到孤独、被忽视，缺乏亲情的滋养。

## 二、温暖的家庭氛围对孩子成长的积极影响

1. 促进孩子的心理健康发展

（1）增强安全感和自信心

在温暖的家庭氛围中，孩子能感受到父母无条件的爱和支持，这使他们的内心充满安全感。这种安全感是孩子建立自信心的基石，让他们敢于探索世界，勇敢面对生活中的挑战。例如，当孩子在学习或生活中遇到困难时，父母的鼓励和信

任能让他们相信自己有能力克服困难，从而增强其自信心。

（2）培养良好的情绪管理能力

温暖家庭中的孩子，通过观察父母如何处理情绪和解决问题，学会了如何正确表达和管理自己的情绪。他们更懂得理解他人的感受，能够以积极的心态应对生活中的挫折和压力，减少焦虑、抑郁等心理问题的发生。

2. 助力孩子的性格塑造

（1）塑造积极乐观的性格

长期处于温暖和谐的家庭氛围中，孩子会受到积极情绪的感染，逐渐形成乐观向上的性格。他们对生活充满热爱，善于发现生活中的美好，在面对困难时也能保持乐观的态度，积极寻找解决问题的方法。

（2）培养善良包容的品质

在温暖的家庭氛围中，父母以身作则，关爱他人、尊重他人，孩子在这种氛围的熏陶下，也会学会关爱和包容，具备善良的品质。他们懂得与他人分享，能够与不同性格的人友好相处，建立良好的人际关系。

3. 推动孩子的学业进步

（1）激发学习兴趣和动力

温暖的家庭氛围能为孩子提供一个安静、舒适的学习环境，让他们能够专注于学习。同时，父母对孩子学习的关注和支持，以及对知识的尊重和热爱，会激发孩子的学习兴趣和内在动力。孩子会将学习视为一种乐趣，而不是一种负担，从而更主动地投入到学习中。

（2）培养良好的学习习惯和自律能力

在温暖的家庭氛围中，父母可以通过合理的引导和监督，帮助孩子养成良好的学习习惯，如按时完成作业、认真预习复习等。温暖的家庭氛围还能让孩子学会自我管理，保持自律。在这样的环境中，他们能够自觉遵守规则，合理安排时间，提高学习效率。

## 三、营造温暖的家庭氛围的方法与策略

### 1. 加强家庭成员之间的情感沟通

（1）建立定期沟通机制

家庭可以每周安排固定的时间（如周末晚餐后）召开家庭会议。在会议上，每个家庭成员都有机会分享自己一周的生活、学习和工作情况，表达自己的想法和感受，共同讨论家庭中的重要事项。

（2）注重倾听和理解

在沟通中，父母要认真倾听孩子的心声，尊重孩子的想法和感受，不要轻易打断或否定孩子。当孩子表达自己的观点时，父母要用理解和包容的态度给予回应，让孩子感受到被尊重和被重视。

2. 营造和谐的家庭生活环境

（1）创造温馨的家庭空间

通过布置温馨的家居环境，如摆放绿植、挂贴家庭照片等，让家庭充满温馨和生机。同时，保持家庭环境的整洁和舒适，为孩子提供一个良好的生活和学习空间。

（2）开展丰富多彩的家庭活动

家庭可以定期组织各种活动，如亲子旅行、户外运动、家庭聚会等。这些活动不仅能增进家庭成员之间的感情，还能为孩子创造美好的回忆，让他们感受到家庭的温暖和快乐。

3. 树立正确的家庭价值观

（1）言传身教

父母是孩子的第一任老师，要通过自己的言行举止，向孩子传递正确的价值观，如诚实守信、尊老爱幼、勤奋努力等。在日常生活中，父母要以身作则，做到言行一致，为孩子树立良好的榜样。

（2）引导孩子树立正确的价值观

在孩子的成长过程中，父母可以通过讲故事、讨论社会热点问题等方式，引导孩子树立正确的价值观，让孩子明白什么是对的，什么是错的，培养他们的道德判断能力和社会责任感。

家庭氛围对孩子的成长起着至关重要的作用，温暖和谐的家庭氛围是孩子健康成长的基石。它不仅能促进孩子的心理健康发展，塑造良好的性格，还能助力孩子的学业进步。为了孩子的未来，每个家庭都应重视家庭氛围的营造，通过加强情感沟通、营造和谐的生活环境和树立正确的家庭价值观等方式，为孩子创造一个温暖、充满爱的成长空间。相信在这样的家庭氛围中成长起来的孩子，一定能够拥有积极向上的人生态度，勇敢地追求自己的梦想，为社会的发展贡献自己的力量。未来，希望更多的家庭能够认识到家庭氛围的重要性，共同努力，为孩子们创造一个更加美好的成长环境。

# 第二部分
# 育家有方

# 路径思启篇

作为教育生态系统的重要组成部分，家庭教育既是学校教育的延伸拓展，也是社会教育的根基之所在。我校以“三位一体”教育格局为指引，构建起“思路领航—路径探索—实践创新”的家庭教育实施体系，致力于实现家庭教育从经验型向科学型、从松散型向系统型、从单向型向协同型的三大转变。

本篇以“精准支持、协同育人”为目标，通过系统化的制度设计、专业化的服务供给、智能化的技术赋能，着力破解家庭教育中的痛点难点问题，为特殊学生的健康成长营造良好的教育生态，为构建家校社协同育人新范式提供理论支撑与实践样本。

# 思路领航：
# 谋划家庭教育整体布局

学校作为教育的重要阵地，和家长一样，肩负着促进家庭教育的使命。学校不仅是传授知识的场所，更是连接家庭与社会的桥梁。学校通过与家庭紧密合作，可以为孩子提供更加全面、系统的教育。这不仅有助于孩子在学业上取得进步，还能帮助他们在品德、心理和社会适应能力等方面得到更好的发展。因此，学校在推动家庭教育方面，有着义不容辞的责任和关键作用。

## 一、理念先行：树立正确的家庭教育观

学校在开展家庭教育工作时，首先应向家长传递科学、全面的家庭教育理念，这是家庭教育的基石。只有家长树立了正确的观念，才能为孩子提供良好的成长环境和教育引导。

1. 尊重孩子的个性是首要理念

每个孩子都是独一无二的个体，拥有独特的性格、兴趣、

天赋和学习方式 。就像世界上没有两片相同的树叶一样，孩子之间的差异是客观存在且应被珍视的。有的孩子活泼好动，充满好奇心，对探索自然科学领域有着浓厚的兴趣；有的孩子则文静内敛，富有创造力，在艺术、文学方面展现出独特的才华。家长应摒弃千篇一律的教育模式，深入观察孩子，发现他们的闪光点和潜力之所在，为孩子量身定制个性化的教育方案。

2. 培养综合素质也是至关重要的理念

在当今多元化的社会中，单纯的知识学习已无法满足孩子未来发展的需要。我们需引导家长关注孩子在品德、智力、体质、美育、劳动等方面的全面发展。

品德培养是孩子成长的核心，家长要教导孩子诚实守信、善良正直、有责任感，将为他们的人生奠定坚实的道德基础。在智力发展上，家长不仅要注重学业成绩，更要培养孩子的思维能力、创新能力和解决问题的能力。通过鼓励孩子参加各种科技竞赛、实践研究活动，激发他们的求知欲和探索精神。体质健康是孩子成长的基石，家长要督促孩子养成良好的运动习惯，保证充足的体育锻炼时间，让孩子拥有健康的体魄。美育能培养孩子的审美能力和艺术修养，无论是欣赏音乐、绘画，还是参与舞蹈、戏剧等艺术活动，都能丰富孩子的精神世界，提升他们的审美情趣。劳动教育则让孩子学会生活自理，培养他们的实践能力和责任感，从简单的家务劳动到参与社会实践，孩子可在劳动中体验付出与收获的快乐。

为了让家长更好地理解这些理念，我校通过举办家庭教育讲座、家长学校培训课程等方式，邀请教育专家、心理学专家为家长进行深入浅出的讲解。同时，分享成功的家庭教育案例，让家长从实际案例中汲取经验和启示。此外，我校还利用线上平台，如微信公众号、班级微信群等，定期推送家庭教育的文章、视频等资料，方便家长随时随地学习。

## 二、组织保障：构建完善的家庭教育工作机制

### 1. 成立专门的家庭教育指导机构

为了确保家庭教育工作的有效开展，我校成立了专门的“家庭教育养德润心社”。这一机构犹如学校家庭教育工作的“大脑”，起着统筹规划、组织协调的关键作用，其必要性不言而喻。它能整合学校内部的教育资源，集中专业的教育力量，为家长提供更为系统、专业的家庭教育指导服务。

“家庭教育养德润心社”的职责涵盖多个重要方面。在指导服务方面，其深入了解每个家庭的实际情况和需求，为家长提供个性化的教育建议。比如，对于孩子学习动力不足的家庭，通过与家长和孩子的沟通，分析原因，提供激发孩子学习兴趣的方法和策略；对于亲子关系紧张的家庭，组织专门的亲子沟通培训，帮助家长和孩子改善关系。在活动组织上，“家庭教育养德润心社”策划并举办各类丰富多彩的

家庭教育活动。例如，开展家庭教育讲座，邀请教育专家、心理专家为家长传授先进的教育理念和科学的教育方法；举办家长经验分享会，让家长互相交流在教育孩子过程中的成功经验和遇到的问题，共同探讨解决方案；组织亲子活动，如亲子运动会、亲子手工制作、亲子阅读等，增进亲子之间的感情，营造良好的家庭氛围。

2. 建立家校合作的沟通平台

畅通的沟通渠道是实现家校合作的桥梁，能够让学校和家庭及时了解孩子的情况，共同为孩子的成长提供支持。我校搭建了多种形式的沟通渠道，确保家校信息交流的顺畅。

家长会是传统且重要的沟通渠道，学校每学期应组织1~2次家长会。在家长会上，教师可以向家长全面汇报孩子的学习情况、学校的教学计划和活动安排。同时，教师可以设置互动环节，鼓励家长提出问题和建议，共同探讨孩子的教育问题。例如，在家长会上，班主任先讲解学科学习的重点和难点以及学生的学习情况。之后，组织家长分组讨论，分享自己在教育孩子过程中的经验和困惑。最后由班主任对家长提出的问题进行解答和总结。

随着信息技术的发展，家长微信群成为家校沟通的便捷工具。每个班级均建立家长微信群，教师可以在群里及时发布学校通知、作业布置、孩子的在校表现等信息。家长也可以通过微信随时与教师沟通孩子的情况，反馈家庭中的教育问题。但在使用家长微信群时，我们也要注意规范管理，避免信息过多过杂，影响沟通效果。比如，制定群规，明确规定发布信息的时间和内容，避免家长在群里闲聊、发广告等行为；教师要及时回复家长的信息，保持沟通的及时性和有效性。

家访是一种深入了解学生家庭情况的沟通方式，能够让教师与家长进行面对面的交流，建立更加紧密的联系。我们会组织教师定期进行家访，特别是对于有学习困难、行为异常或家庭情况特殊的学生，要增加家访的频率。在家访过程中，教师了解学生的家庭环境、家庭教育方式、家庭氛围等情况，与家长共同探讨教育孩子的方法和策略。同时，教师要尊重家长的意见和建议，关注家长的需求，为家长提供必要的帮助和支持。例如，一位教师在家访中发现一名学生家庭经济困难，家长对孩子的学习缺乏信心。教师就会向家长介绍相关的资助政策，鼓励家长关注孩子的学习，与家长一起制订适合孩子的学习计划，帮助孩子树立学习信心。

### 三、师资建设：打造专业的家庭教育指导队伍

1. 教师培训

教师作为学校与家庭沟通的重要桥梁，其家庭教育知识和技能的水平直接影响家庭教育指导工作的质量。因此，我校高度重视对教师的培训，全面提升教师的指导能力。

培训内容涵盖丰富且系统的知识体系。首先是家庭教育理论知识。教师深入学习家庭系统理论、亲子关系理论、儿童发展心理学等，了解孩子在不同成长阶段的身心发展特点和需求，以及家庭环境对孩子成长的影响机制。其次是家庭教育方法与技巧，包括如何与家长进行有效的沟通、如何倾听家长的需求和困惑、如何给予家长科学合理的教育建议等。同时，要求教师还要掌握一些实用的教育方法，如正面管教、赏识教育等，能够根据不同家庭的情况，指导家长选择合适的教育方法。此外，培训内容还包括家庭教育案例分析，通过对实际案例的剖析，让教师学习如何分析问题、解决问题，积累实践经验。

在培训方式上，学校采用多元化的形式，以满足不同教师的学习需求。集中培训是一种高效的方式。我校邀请家庭教育专家来校举办讲座、开设工作坊，让教师在集中的时间内系统地学习家庭教育知识和技能。例如，定期组织教师参加为期几天的集中培训。专家通过理论讲解、案例分析、小组讨论等形式，深入讲解家庭教育的重点和难点问题，让教师在与专家和同行的交流中拓宽视野、提升能力。线上培训则具有灵活性和便捷性。我校利用在线学习平台，为教师提供丰富的学习资源，如在线课程、教学视频、电子书籍等，让教师可以根据自己的时间和进度进行自主学习。同时，线上培训还设置了互动交流环节，教师可以在论坛上分享自己的学习心得和实践经验，互相学习，共同进步。此外，我校还组织教师进行现场观摩，到家庭教育指导中心、优秀家庭等实地参观学习，亲身感受成功的家庭教育模式和方法，使其将理论知识与实践相结合。

2. 引入外部专家

除了加强教师培训外，学校还应积极引入外部专家，为家长提供更专业、更权威的家庭教育指导。

家庭教育专家通常对教育理论和教育实践有着深入的研究和独到的见解。我校通过为家长举办专题讲座，介绍先进的家庭教育理念和方法，帮助家长了解教育的最新趋势和发展方向，同时，还针对家长在教育孩子过程中遇到的共性问题，进行深入的分析和解答，为家长提供系统性的解决方案。

家庭教育指导师则在孩子的心理健康和亲子关系方面具有专业优势。他们通过个体咨询、团体辅导等方式，可为孩子和家长提供心理健康服务。在个体咨询中，我校家庭教育指导师通过深入了解孩子的内心世界，帮助孩子解决在学习压力、人际关系、情绪管理等方面的问题，促进孩子的心理健康发展。例如，当孩子出现焦虑、抑郁等情绪问题时，家庭教育指导师运用专业的心理治疗方法，帮助孩子缓解情绪、调整心态。在团体辅导中，家庭教育指导师可以组织家长和孩子一起参加亲子活动，通过游戏、角色扮演等形式，增进亲子之间的沟通和理解，改善亲子关系。

## 四、课程与活动：丰富家庭教育的内容与形式

### 1. 开发家庭教育课程

为了满足家长对家庭教育知识的需求，我校尝试开发了一套系统、全面的家庭教育课程体系。这一课程体系犹如一座知识的宝库，涵盖了孩子成长的各个阶段和多个重要方面，为家长提供了丰富的教育资源和指导。

在品德培养方面，课程传授如何在日常生活中培养孩子良好品德的方法，引导家长认识到品德教育的重要性。比如，通过讲述传统美德故事、引导孩子参与公益活动等方式，培养孩子的善良、正直、有责任感等品质。在学习习惯养成方面，课程帮助家长了解不同年龄段孩子的学习特点，指导家长如何培养孩子良好的学习习惯，如制订学习计划、专注学习、及时复习等。例如，教导家长为孩子营造安静的学习环境，帮助孩子合理安排学习时间，鼓励孩子独立思考和解决问题。在心理健康教育方面，课程则让家长掌握孩子常见的心理问题及应对方法，关注孩子的情绪变化，给予孩子足够的关爱和支持，培养孩子积极乐观的心态和较强的心理承受能力。比如，当孩子遇到挫折时，家长要引导孩子正确看待挫折，鼓励孩子勇敢面对，帮助孩子树立自信心。

课程采用多种形式呈现，以满足不同家长的学习需求。线上课程具有便捷性和灵活性，让家长可以随时随地通过手

机、电脑等设备学习。我校录制了一系列家庭教育视频课程，上传到学校公众号，供家长自主学习。例如，制作关于亲子沟通技巧的视频课程，通过生动的案例和详细的讲解，让家长学习如何与孩子进行有效的沟通。线下课程则提供面对面的交流和互动机会，增强学习效果。我校定期举办家庭教育培训班，邀请专家、教师进行授课，采用讲座、小组讨论、案例分析等形式，让家长在学习中相互交流经验，共同解决问题。

2. 举办多样化的家庭教育活动

除了课程学习，我校还举办多样化的家庭教育活动，为家长和孩子提供更多的互动和学习机会，让家庭教育在实践中得到更好的落实。

亲子活动是增进亲子关系的有效方式，它能让家长和孩子在轻松愉快的氛围中增进沟通和理解。我校会定期组织亲子运动会，设置亲子接力赛、拔河比赛、两人三足等项目，让家长和孩子一起参与运动，感受运动的快乐，同时培养孩子的团队合作精神和竞争意识。亲子手工制作活动也是不错的选择，如我校“一日三享”活动中的亲子绘画、亲子书法、亲子阅读等活动，不仅能让家长和孩子在共同创作的过程中增进感情，同时也能让其享受到亲子合作的乐趣。

家长讲座是传播家庭教育知识的重要途径。我校邀请了教育专家、学者、优秀教师等举办各类家长讲座。讲座内容涵盖家庭教育的各个方面，如孩子的学习方法指导、心理健康教育、品德培养等。例如，举办关于如何培养孩子自主学习能力的讲座，专家结合教育心理学的理论和实际案例，为家长讲解培养孩子自主学习能力的方法和策略，让家长了解如何激发孩子的学习兴趣，引导孩子主动学习，并帮助家长更新教育观念，掌握科学的教育方法，提升家庭教育水平。

家长经验分享会则为家长提供了一个相互学习、交流的平台。在分享会上，邀请教育经验丰富、教育成果显著的家长分享他们的教育心得和成功经验。这些家长来自文化背景不同的家庭和不同的职业领域，他们的教育方法和经验各具特色，能够为其他家长提供多元化的参考。通过家长之间的交流和分享，能够让更多的家长从中受益，共同提高家庭教育质量。

## 五、评价与反馈：确保家庭教育工作的有效性

### 1. 建立评价体系

为了准确衡量家庭教育工作的成效，我校建立了一套科学、全面的评价体系，从多个维度对工作进行量化和质化评价，确保评价结果能够真实反映家庭教育工作的实际情况 。

在量化评价方面，家长满意度调查是重要的一环。我校每学期开展一次家长满意度问卷调查，问卷内容涵盖家庭教育课程的实用性、活动的组织安排情况、教师的指导服务质量、家校沟通的顺畅程度等方面。通过问卷调查收集家长的具体

意见和建议，可为改进工作提供参考。

学生成长评估也是量化评价的关键。我校通过定期进行学业成绩测试、综合素质评价等方式，跟踪学生在知识、技能、品德、心理等方面的发展情况。通过对开展家庭教育工作前后学生的成绩变化、综合素质提升情况进行比较，可评估家庭教育对学生成长的影响。

在质化评价方面，观察家长在家庭教育中的行为变化是重要内容。我校通过家访、观察家长参与学校活动时的表现等方式，观察家长是否将所学的家庭教育理念和方法应用到实际生活中。通过这些观察，了解家长在家庭教育观念和行为上的转变，可评估家庭教育工作的实际效果。

收集家长和学生的意见与建议也是质化评价的重要途径。我校通过家长会、家长微信群、校长信箱等渠道，鼓励家长和学生积极反馈他们的感受和想法。对于家长提出的问题和建议，我校进行认真梳理和分析，从中发现家庭教育工作中存在的问题和不足之处。

2. 及时反馈与调整

评价结果是学校改进家庭教育工作的重要依据，学校应根据评价结果及时反馈，并对工作策略和方法进行调整，以不断提升家庭教育工作的质量和效果。

我校将评价结果及时反馈给家长和教师。对于家长满意度调查结果，我校通过家长会、微信公众号等渠道向家长公布，让家长了解学校家庭教育工作的整体情况以及他们的意见和建议对学校工作的影响。同时，针对家长提出的问题和建议，我校给予明确的回应，说明学校将采取的改进措施和时间节点。

对于教师，我校会组织专门的会议，反馈家庭教育工作的评价结果，包括学生成长评估的数据、家长的意见和建议等。让教师了解自己在家庭教育指导工作中的优点和不足，以便教师调整教学方法和指导策略。

根据评价结果，我校会对家庭教育工作策略和方法进行调整。如果在评价中发现某些家庭教育活动的参与度不高，我们会分析原因，调整活动的组织形式和时间安排。此外，我校还会根据家长和学生的反馈意见，创新活动形式，增强活动的趣味性和互动性，吸引更多的家长和孩子参与。通过及时反馈与调整，不断优化家庭教育工作，使其更加符合家长和学生的需求，提高家庭教育的质量和效果，为孩子的健康成长提供更有力的支持 。

学校开展家庭教育工作是一项意义深远的伟大工程，它不仅关系到每个孩子的成长与未来，也关系到整个社会的发展与进步。通过树立正确的家庭教育观、构建完善的工作机制、打造专业的指导队伍、丰富教育内容与形式以及建立有效的评价反馈体系，我校取得了显著的成果：家长的教育观念得到了更新，教育方法更加科学，亲子关系更加和谐；学生在品德、学业、心理等方面都得到了更好的发展，综合素质不断提升 。

# 路径探索：
# 搭建家校共育的坚实桥梁

学校作为教育的主阵地，开展家庭教育指导工作显得尤为必要。学校拥有专业的教育资源和丰富的教育经验，能够为家长提供科学的教育方法和理念，帮助家长解决在家庭教育中的困惑和问题。学校与家庭的紧密合作，可形成教育合力，共同为孩子的成长创造良好的环境，助力孩子健康成长。因此，探索学校开展家庭教育的实施路径具有重要的现实意义，这也是本文旨在深入探讨的内容。

## 一、完善家庭教育指导体系

我校高度重视家庭教育指导工作，成立了以校长为组长的家庭教育指导领导小组（图 1），全面统筹规划学校的家庭教育指导工作。校长作为第一责任人，肩负着宏观指导全校家庭教育工作的重任，将家庭教育工作纳入教师考评内容，激励教师积极投身于家庭教育指导工作，同时督促检查工作的落实情况，以确保家庭教育指导工作有序推进。副组长由分管家庭教育的副校长和主任担任，分别牵头和具体负责家庭教育工作的实施，利用多种形式广泛宣传家庭教育机关知识和方法，深入开展家庭教育主题教育活动，积极探索家庭教育新途径、新手段和新模式，以帮助家长树立正确的家庭教育理念，掌握科学的家庭教育方法，提高其教育子女的能力 。各年级组长和各班班主任作为小组成员，定期组织开展家庭教育专题会议、家长会等，紧密联系家长，了解学生家庭情况，为家长提供有针对性的指导和建议。

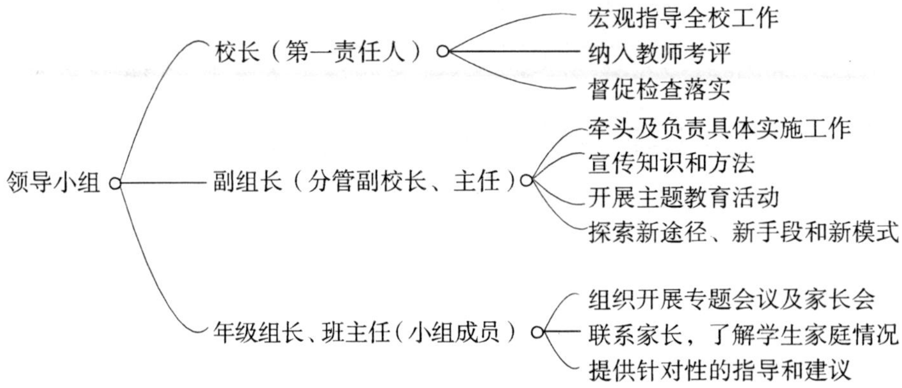


**图 1　家庭教育指导领导小组**

为保障家庭教育指导工作的顺利开展，我校制定了一系列完善的家庭教育指导工作制度，明确了家庭教育指导的目标、任务、内容和方式，规定了家长学校的课程设置、教学计划、师资配备等，使家庭教育指导工作有章可循。同时，我校建立了家长反馈机制，及时收集家长对家庭教育指导工作的意见和建议，以便不断改进工作，提高家庭教育指导的质量和效果 。

此外，我校还积极组建了专业的家庭教育指导队伍。一方面，选拔校内具有丰富教育教学经验、心理学知识和家庭教育经验的教师，参加家庭教育指导师培训，获得专业资质，成为校内家庭教育指导的骨干力量。这些教师能够运用专业知识和技能，为家长提供科学的家庭教育指导，帮助家长解决实际问题 。另一方面，聘请校外家庭教育专家、心理咨询师等，作为学校家庭教育指导的兼职教师，定期到校开展讲座、培训和咨询活动，为家长提供更专业、更全面的指导。

## 二、丰富家庭教育指导内容

我校在开展家庭教育指导工作时，注重内容的丰富性和全面性，涵盖了孩子成长的多个方面。在品德教育方面，引导家长培养孩子的道德观念、社会责任感和良好的行为习惯。通过开展主题讲座、亲子活动等形式，向家长传授品德教育的方法和技巧，例如，如何引导孩子学会关爱他人、尊重长辈、遵守社会公德等 。

在学习习惯培养方面，我校为家长提供了系统的指导，帮助家长了解小学生学习的特点和规律，掌握科学的教育方法，引导孩子养成良好的学习习惯，如制订学习计划、按时完成作业、认真听讲、积极思考等 。同时，我校指导家长如何激发孩子的学习兴趣，培养孩子的自主学习能力，让孩子从“要我学”转变为“我要学”。

心理健康教育也是家庭教育指导的重要内容。我校非常关注孩子的心理健康，引导家长重视孩子的心理需求，及时发现和解决孩子的心理问题。我校通过开展心理健康讲座、心理咨询等活动，向家长普及心理健康知识，传授心理调适的方法和技巧，帮助家长营造和谐、温馨的家庭氛围，培养孩子积极乐观的心态和良好的心理素质 。例如，针对小学生常见的焦虑、抑郁、自卑等心理问题，由家庭教育指导师为家长分析问题产生的原因和表现，指导家长如何应对和干预，提高家长对孩子心理健康问题的识别和处理能力。

此外，我校还关注孩子的兴趣爱好培养、安全教育和劳动教育等方面，为家长提供全方位的家庭教育指导，助力孩子的全面发展。通过丰富的指导内容，满足了家长在不同方面的需求，为家长提供了科学、实用的教育方法和理念，帮助家长更好地履行教育职责，促进孩子的健康成长。

### 三、创新家庭教育指导形式

1. 线上线下融合

我校充分利用现代信息技术，搭建线上家庭教育指导平台。通过微信公众号、班级群、在线学习平台等，定期推送家庭教育知识、专家讲座视频、教育案例分析等资源，方便家长随时随地获取学习资料，了解家庭教育的最新理念和方法。同时，开展线上直播讲座，邀请家庭教育专家、优秀教师进行在线授课，让家长可以通过手机、电脑等设备观看直播，与专家和教师进行互动交流，提出自己的问题和困惑，获得及时的解答和指导 。例如，我校在居家学习期间，通过线上直播讲座的形式，为家长开展了多场关于 “居家学习期间如何做好家庭教育” 的专题讲座，受到了家长的广泛好评。

在线下，我校积极举办家长学校，定期组织家长参加集中培训。家长学校的课程设置丰富多样，包括专题讲座、经验分享、小组讨论等形式，内容涵盖家庭教育的各个方面。我校邀请家庭教育专家、优秀教师、优秀家长等担任授课教师，为家长传授科学的教育方法和成功的教育经验。同时，我校还开展了亲子活动，如亲子运动会、亲子阅读、亲子手工制作等，增进亲子之间的感情，促进家长与孩子的沟通与交流，让家长在活动中更好地了解孩子的需求和特点，掌握有效的教育方法。

2. 个性化指导

我校认识到每个家庭和孩子都有其独特性，因此注重提供个性化的家庭教育指导服务。针对不同家庭和孩子的特点，我校通过一对一咨询、家访等方式，为家长提供有针对性的指导和建议。对于有学习困难的孩子，教师会与家长进行一对一沟通，了解孩子的学习情况和家庭环境，共同分析原因，帮助制订个性化的学习辅导计划，帮助孩子提高学习成绩。对于有不良行为习惯的孩子，教师会通过家访的方式，深入了解其家庭教养方式和生活环境，与家长共同探讨教育方法，引导家长纠正不良的教育方式，培养孩子良好的行为习惯。

此外，我校还建立了学生成长档案，记录学生的学习、生活、心理等方面的情况，为个性化指导提供依据。根据学生成长档案的记录，教师可以及时发现学生的问题和变化，有针对性地为家长提供指导和帮助。个性化指导满足了不同家庭和孩子的特殊需求，提高了家庭教育指导的实效性，促进了每个孩子的个性化发展。

## 四、整合家庭教育资源

我校高度重视家校合作，加强与家庭的沟通与合作，共同关注孩子的成长。通过定期召开家长会、家长委员会会议等形式，加强学校与家长之间的信息交流，让家长了解学校的教育教学工作和孩子在学校的学习生活情况，同时听取家长的意见和建议，共同探讨教育孩子的方法和策略。例如，每学期开学初和期末，我校都会召开家长会，向家长介绍本学期的教学计划、班级管理措施和孩子的学习情况，听取家长对学校工作的意见和建议，增进家校之间的沟通与理解。

同时，我校鼓励家长积极参与学校的教育教学活动，如家长志愿者活动、家长进课堂等。家长志愿者可以参与学校的安全管理、活动组织等工作，为学校的发展贡献力量。家长进课堂则可以让家长走进教室，与孩子一起上课，了解孩子的学习状态和课堂表现，加强家长与教师之间的互动与合作。这些活动增强了家长对学校教育的认同感和参与度，形成了家校教育合力，共同促进孩子的成长。

# 载体创新篇

在“双减”政策深入推进的背景下，家庭教育正从“配角”转变为教育生态的重要支柱。学校作为家校共育的主阵地，需要创新教育供给方式。构建 “线上便捷互动 + 线下沉浸式体验”的双线模式，不仅能打破传统家校沟通的时空局限，更能激活家庭教育的内生动力。本篇将从三大实施维度进行探讨，帮助学校打造具有校本特色的家庭教育指导体系。

# 云端共育：构建指尖上的成长空间

在数字化浪潮席卷的当下，教育领域正经历着前所未有的变革。“云端共育：构建指尖上的成长空间”这一创新理念应运而生，旨在突破传统教育的时空限制，借助互联网的便捷性，为家长、学生和教育工作者搭建一个无缝对接的共育平台，让优质教育资源触手可及，全方位助力孩子成长。

## 一、主题微课展播：每周 15 分钟的“育儿锦囊”

主题微课展播旨在为广大家长提供专业、实用的育儿知识与指导，每周精心打造 15 分钟的“育儿锦囊”板块。

1. 定期发布主题预告

在每月的第一周，我们会提前向家长发布主题预告。这种提前预告的方式，能让家长根据自身需求和关注重点，提前做好参与直播的准备。例如，在每年 9 月推出“如何应对开学焦虑”主题，帮助家长和孩子平稳度过开学阶段，缓解焦虑情绪；在每年12月推出“寒假规划的黄金法则”主题，引导家长合理规划孩子的寒假生活，让假期既充实又有意义。

2. 独特的展播模式

采用“15分钟主题微课 + 跟帖答疑”的创新模式进行展播。在15分钟的主题微课上，授课教师会围绕当月发布的主题进行深入且精炼的讲解，将复杂的育儿知识以通俗易懂的方式呈现给家长。在之后的跟帖提问环节，家长可以针对微课内容或自己在育儿过程中遇到的实际问题，与授课教师进行互动，获取针对性的解决方案。

3. 开发实用资源包

为满足家长进一步深入学习和随时查阅资料的需求，我们特别开发“家庭教育资源包”。此资源包内容丰富，包含：精心制作的PPT课件，便于家长在观看后回顾重点知识；科学有效的心理测评量表，帮助家长更好地了解孩子的心理状态；具有针对性的延伸阅读书单，为家长提供更多的知识拓展渠道。并且，该资源包支持离线下载，方便家长在没有网络的情况下也能随时学习。

## 二、家长微课堂：打造“身边的教育专家”

家长微课堂致力于为家长们打造一个便捷、实用且充满活力的学习交流空间，旨在塑造“身边的教育专家”，让每一位家长都能在日常教育孩子的过程中，获取专业有效的知识与经验，提升家庭教育水平。

1.“家庭教育达人”评选活动

为充分挖掘家长群体中的教育智慧，我们精心策划并开展“家庭教育达人”评选活动。这一活动鼓励家长通过制作短视频的方式，分享各自独特且行之有效的教育经验。为了确保所分享的内容能够在有限时间内得以清晰传达且易于家长吸收运用，特别要求视频时长严格控制在5分钟以内。在内容方面，着重强调突出方法的可操作性，使得其他家长在观看后能够迅速理解并轻松将这些方法应用到自己的家庭教育实践当中。例如，有的家长分享如何通过游戏化的方式培养孩子的时间管理能力，在短视频里详细展示了游戏规则、实施步骤以及实际效果，这让观看的家长一目了然，可直接借鉴操作。

2.搭建“家长微课积分”小程序

为了进一步激发家长参与线上学习的热情，增强家长微课堂的互动性与吸引力，我们匠心独运地设计了“家长微课积分”小程序。在这个小程序中，家长每认真观看一堂精心准备的课程，就能根据课程的难度、时长等因素获取相应积分。家长可以通过兑换积分来获取丰富多样的线下活动参与资格等奖品。其中，极具吸引力的“校长午餐券”便是众多可兑换奖品之一。想象一下，家长凭借积分兑换到“校长午餐券”，在与校长共进午餐的过程中，不仅可以深入了解学校的教育理念、发展规划，还能就孩子的个性化教育问题与校长进行面对面的深入交流，这无疑为家长提供了一个宝贵的沟通契机，极大地促进了家校之间的紧密合作。

3. 打造“家庭教育金句库”

我们深知，简洁而富有深意的话语往往能在瞬间触动人心，给予家长教育灵感。因此，我们全力打造“家庭教育金句库”。每周，这个金句库都会精心挑选并推送三条充满智慧与实用价值的建议给家长。这些建议以言简意赅却又寓意深刻的金句形式呈现，如“教育不是装满水桶，而是点燃火焰”，形象地揭示了教育的本质在于激发孩子的内在动力，而非简单的知识灌输；又如“陪伴的关键不是时间，而是质量”，提醒家长在陪伴孩子时要注重全身心投入，关注孩子真正的需求。这些金句就像一盏盏明灯，在家长日常教育孩子的过程中，为他们提供简洁而有力的思路指引，助力家长更好地理解和实践家庭教育。

通过这些创新的共育模式，我们正逐步构建一个紧密相连的教育共同体，让孩子在家庭与学校的协同呵护下，在数字化的广阔天地里茁壮成长。

# 线下实践：搭建沉浸式成长平台

成长，是一场充满挑战与惊喜的旅程，孩子在其中奋力探索，家长则肩负着引航的重任。然而，随着孩子在不同成长阶段面对日益复杂的问题，家长往往会陷入困惑，急需一套行之有效的教育方法来助力孩子的成长。此时，我们致力于通过丰富多样的线下实践活动，打造一个沉浸式的成长平台，让家长深度参与其中，切实解决实际教育问题，使其实现深度学习，全方位提升其教育技能，让其与孩子携手从容应对成长旅程中的每一道难关。

## 一、“家长工作坊”：以问题为导向的深度学习

在孩子的成长过程中，家长扮演着至关重要的角色。然而，随着孩子在不同成长阶段面对的问题日益复杂，家长往往需要不断提升自身教育能力，才能更好地引导孩子。为满足家长的这一迫切需求，“家长工作坊”应运而生，致力于打造

一个专注于解决实际教育问题、推动家长深度学习的优质平台，全方位助力家长提升教育技能，使其能够从容应对孩子成长路上的种种挑战。以问题为导向的深度学习课程体系如表1所示。

表1　以问题为导向的深度学习课程体系

| 主题模块 | 核心内容 | 实施形式 | 配套工具 |
|---|---|---|---|
| 情绪管理 | 非暴力沟通技巧 | 角色扮演＋案例分析 | 《情绪温度计测评表》 |
| 作业辅导 | 番茄钟工作法实践 | 工具实操＋模拟训练 | 可视化时间管理板 |
| 习惯培养 | 21天行为矫正方案 | 打卡挑战＋成果展示 | 《21天行为习惯养成追踪表》 |

1. 情绪管理

在亲子沟通中，非暴力沟通技巧至关重要。“家长工作坊”围绕此开展教学，通过角色扮演与案例分析相融合的方式，让家长掌握该技巧。在角色扮演环节，家长模拟亲子沟通场景，切身体验如何精准表达自身感受、需求、敏锐察觉孩子的情绪变化，避免产生亲子矛盾。案例分析则选取真实典型案例，引导家长剖析问题根源。同时，配备《情绪温度计测评表》，家长借助它可直观、及时地了解孩子的情绪，灵活调整沟通策略，营造和谐沟通氛围，实现高效、温暖的沟通。

2. 作业辅导

番茄钟工作法是提升孩子学习效率的有效方式，“家长工作坊”以此为核心展开作业辅导教学。采用工具实操与模拟训练相结合的模式，让家长先亲自操作番茄钟工具，感受其优势，为引导孩子运用打基础。在模拟与孩子日常写作业相似的场景中，家长掌握用番茄钟工作法辅导孩子完成作业的技巧。此外，提供可视化时间管理板，清晰呈现作业时间分配，帮助孩子树立时间观念，家长也可借此实时进行监督、引导，确保孩子能够高效完成作业，克服拖延。

3. 习惯培养

习惯培养模块推行 21 天行为矫正方案，依据习惯养成科学原理，助力孩子养成良好习惯。通过打卡挑战与成果展示结合的激励方式，激发孩子自律意识与内在动力，让他们坚持执行行为规范。成果展示平台让孩子分享进步收获，增强自信。同时，为方便家长记录孩子每天行为表现，跟踪习惯养成过程，提供《21 天行为习惯养成追踪表》。利用此表，家长可以提供针对性的指导和鼓励，帮助孩子顺利养成好习惯。

4. 配套支持

为支持家长学习，“家长工作坊”一方面精心编制并发放《家长学习手册》，内容涵盖各主题深度知识、实践方法及注意事项，给予系统全面指导；另一方面打造“家庭教育资源角”，配备书籍、DVD 等多种资料，内容包含前沿理念、实用方法与生动案例，满足家长课后自主拓展学习的需求，拓宽其视野，提升其教育素养。

“家长工作坊”所提供的课程体系，犹如一座灯塔，为在家庭教育海洋中航行的家长指引方向。通过系统学习这些以问题为导向的课程内容，家长不仅能够获得实用的教育技巧，更能在与孩子共同成长的道路上，与孩子之间建立起更为紧密、健康的亲子关系。希望每一位参与“家长工作坊”的家长，都能将所学知识运用到实际家庭教育中，让孩子在充满智慧与爱的环境中茁壮成长，共同开启家庭幸福与孩子美好未来的新篇章。

## 二、亲子实践营：“四季成长”课程

在亲子实践营的“四季成长”课程中，我们精心规划了每一季的活动，旨在通过丰富多彩的体验，为亲子家庭搭建一个共享欢乐、共同成长的优质平台，全方位促进家庭成员间的情感交流与孩子的多元发展。

### 1. 春之耕耘：亲子农耕体验

当春日暖阳唤醒大地时，亲子实践营开启了充满生机的农耕之旅。家长与孩子一同走进学校农耕园（种植框）。这片充满希望的土地将见证他们的协作与付出。在劳动教师的指导下，家长与孩子挥动小锄头翻松土地，小心翼翼地播下蔬菜种子，再轻轻浇水，期待生命的萌芽。

我们为每个孩子准备了特制的《家庭种植日志》，鼓励家长和孩子共同记录蔬菜生长的每一个精彩瞬间：从种子入土的日期，到破土而出的惊喜时刻，再到每日的悉心照料与植株的细微变化。在记录过程中，孩子不仅能培养对大自然敏锐的观察力，更能深刻体会劳动带来的满足感，领悟生命成长的奇妙与不易。

2. 夏之传承：非遗手作夏令营

炎炎夏日，亲子实践营的非遗手作夏令营为家庭带来一场别开生面的文化之旅。柳条编织、扎染等古老技艺在这个季节焕发出新的活力。

在专业教师的引领下，家长和孩子准备好备品，四手相互配合，将心中的想象一点点编织成形；或是拿起染布，精心折叠、捆扎，再浸入五彩的染料，见证素布在手中绽放出绚丽色彩。每一件作品都凝聚着家长和孩子的智慧与汗水。

而这些饱含心意的手工艺品，将被孩子作为教师节礼物送给敬爱的老师。这不仅是对传统文化的传承与发扬，更是对尊师重道这一传统美德的生动诠释，让孩子在实践中感受文化魅力，学会感恩。

3. 秋之铭记：红色研学亲子行

秋意渐浓时，亲子实践营踏上红色研学的征程。亲子家庭一同走进革命纪念馆。馆内陈列的珍贵文物、泛黄的历史图片以及翔实的文字资料，如同一部部生动的史书，讲述着革命先辈们为国家和民族英勇奋斗的壮丽篇章。

随后，别具一格的情景党课拉开帷幕。在沉浸式的场景中，家长和孩子仿佛穿越时空，亲身感受那段波澜壮阔的历史。课程结束后，孩子将接受一项特殊的任务——续写《红色家书》。他们以革命先辈为榜样，用稚嫩而坚定的笔触，抒发对祖国的热爱、对未来的憧憬，让“红色基因”在心中深深扎根，激发强烈的爱国情怀与社会责任感。

4. 冬之奋进：冰雪运动家庭赛

在银装素裹的冬季，亲子实践营为家庭打造了一个充满激情与活力的冰雪舞台——冰雪运动家庭赛。

在洁白的雪地上，家长和孩子身着专业装备，勇敢地踏上滑雪板，从雪坡上飞驰而下，享受风在耳边呼啸的刺激与畅快。这不仅是速度与激情的碰撞，更是勇气与挑战的较量。

与此同时，一场冬奥会① 知识竞赛也在热烈进行中。家庭成员们围坐在一起，积极抢答，在欢声笑语中增进对冬奥会的深入了解，传播“更快、更高、更强——更团结”的奥林匹克格言。为了鼓励家庭成员默契协作，我们特别设立“家庭协作奖”，表彰那些在滑雪体验和知识竞赛中配合无间、表现卓越的家庭，让团结协作的精神在冰雪世界中熠熠生辉。

5. 延续精彩：“家庭实践日记”评选

为了留存亲子实践营四季活动的美好回忆，进一步激发家庭参与的热情与创造力，我们特别推出“家庭实践日记”评选活动，鼓励每个家庭用文字和图片记录下参与四季活动的点滴感悟、成长收获以及那些令人难忘的亲子互动瞬间。

---

① 全称为冬季奥林匹克运动会。

活动结束后，我们将邀请专业评审团队对所有作品进行认真评选，把优秀的“家庭实践日记”精心汇编成册，并举办一场盛大的成果展。在这里，每一个家庭的故事都将被分享，每一份成长都将被见证。这不仅是对家庭实践成果的高度认可，更是营造积极向上家庭文化氛围的重要契机，让亲子实践营的美好影响得以延续和升华。

## 三、家庭教育沙龙：家长的“解忧杂货店”

小学阶段是孩子成长的关键时期，家长在陪伴孩子度过这段时光时，常常会遭遇各种教育难题，犹如置身于迷雾之中。我们的家庭教育沙龙专为小学家长量身打造，恰似一座温暖的“解忧杂货店”，旨在为家长拨开迷雾，助力孩子茁壮成长。

1. 专属特色板块，满足多元需求

考虑到家长面临的独特教育挑战，我们特别设立了“幼小衔接适应站”“小学中高段突破营”等特色板块。“幼小衔接适应站”主要针对孩子刚步入小学的家长，聚焦如何帮助孩子快速适应小学的学习节奏、培养良好的学习习惯和社交技能等问题，提供实用的策略与方法，让孩子顺利度过从幼儿园到小学的过渡阶段。“小学中高段突破营”则面向孩子处于小学中高年级的家长，围绕如何提升孩子的学习能力、应对学习压力以及青春期萌芽问题等，搭建交流互助平台，分享经验与技巧，帮助家长更好地引导孩子迎接新挑战。每个板块均配备经验丰富的教师，为家长提供精准且专业的指导。

2.“儒雅茶室”讨论模式，激发思维共鸣

家庭教育沙龙采用极富互动性的“儒雅茶室”讨论模式。在活动期间，家长被分成若干小组，每组围绕一个贴合小学教育实际的核心问题展开热烈讨论，如“如何提高小学低年级孩子的专注力”“怎样引导小学中年级孩子正确对待考试成绩”等。在这种轻松愉悦的氛围里，家长如同围坐在儒雅的茶室中，自由地分享自己在教育实践中的经验、困惑与见解。不同的观点相互碰撞，不断激发出解决问题的新思路与新方法。通过这种深度交流，家长不仅能从他人那里汲取宝贵经验，还能拓宽自身教育视野，提升应对各种教育难题的能力。

3.一对一私密咨询，定制专属方案

为满足家长个性化的教育需求，我们精心打造了“家庭教育指导师资源库”，为家长提供一对一的深度咨询服务。小学阶段的孩子成长变化迅速，家长可能会遇到各种特殊的教育问题，这些问题或许难以在公开场合讨论。针对此类情况，家长可提前预约，与专业的指导师进行私密的一对一沟通。指导师将依据孩子在小学的学习情况、个性特点以及家庭环境等因素，为家长量身定制个性化的教育方案，从根本上解决家长的教育困扰，助力孩子在小学阶段健康成长。

为确保家庭教育沙龙能切实帮助家长提升教育水平，改善孩子的学习与成长状况，我们构建了一套完善的成效追踪机制。在沙龙活动结束后，我们会向家长发放专门设计的《家庭教育沙龙成效评估表》，引导家长结合在沙龙中所学知识，制订详细的家庭教育改进计划，明确在未来的一段时间内的教育目标与具体行动步骤，如设定帮助孩子提高某学科成绩的具体方法，或是培养孩子具备某种良好习惯的具体措施。

在三个月后，我们将对家长进行回访，细致了解家长对改进计划的执行情况，以及孩子在学习成绩、学习习惯、行为表现、心理状态等方面发生的变化。通过这一过程，我们不仅能够直观地评估家庭教育沙龙对小学家长和孩子产生的实际效果，还能根据反馈意见，针对性地优化后续沙龙活动的内容、形式以及指导师服务，持续提升家庭教育沙龙的质量与实效性，使其真正成为小学家长在孩子成长道路上的得力助手。

# 双线融合：
# 创新共育生态系统

在追求卓越教育的道路上，我们积极构建“双线融合：创新共育生态系统”，通过巧妙整合线上线下资源，打造全方位、多层次的家校共育模式，助力孩子的全面成长。下面将对这一创新系统的关键构成进行详细阐述。

## 一、任务卡闯关：线上线下无缝联动，培育良好习惯

我们以“21 天好习惯养成计划”为核心，开启充满趣味与挑战的任务卡闯关之旅。该计划精心设计了晨读打卡、家务劳动等丰富多样的日常任务，旨在全方位培养孩子的自律能力与责任感。孩子每日完成任务后，即可在线上平台获取一枚电子勋章，这不仅是对他们努力的即时肯定，更能激发他们持续前进的动力。

线上平台犹如一位贴心的成长伙伴，精准记录孩子每日任务的完成情况，并以直观的成长曲线图呈现他们在 21 天内

的习惯养成轨迹，让进步一目了然。同时，班级排行榜的设置为孩子营造了良性竞争的氛围，激励他们为班级荣誉和个人成长全力以赴。

在线下，孩子凭借线上积累的电子勋章，能够兑换极具吸引力的“家庭特权卡”。想象一下，手持“校长午餐券”，孩子将有机会与校长共进午餐，在轻松的氛围中交流学习与生活的点滴感悟；而图书借阅优先权则为热爱阅读的孩子打开了知识宝库的便捷之门，满足他们对知识的渴望。

为确保这一模式高效运行，我们专门开发了功能强大的小程序。它宛如幕后的智能助手，自动统计各项数据，让一切井然有序。此外，“连续打卡奖励机制”的巧妙设置为孩子的坚持增添了更多惊喜，只要孩子连续打卡达到一定天数，就能解锁特殊勋章或获得其他丰厚奖励，这会进一步点燃他们参与的热情。

## 二、成长档案袋：全景记录成长，可视化共育成果

成长档案袋是孩子在学校与家庭中综合表现的生动缩影，全方位、多维度地呈现了他们的成长历程。

在学业表现方面，我们细致入微地记录孩子的课堂表现，从专注度到参与度，每一个细节都不放过；作业质量也被纳入其中，通过对完成情况与准确率的评估，以及教师饱含专业洞察与关怀的评语，家长能够清晰把握孩子在学业上的优势与需要提升的方面。

实践能力板块同样精彩纷呈，家务劳动与志愿服务的记录通过照片或视频的形式被鲜活呈现。这些画面不仅展现了孩子在家庭与社会中的积极参与，更见证了他们的动手能力、责任意识与社会担当的逐步提升。

个性发展是成长档案袋的一大亮点。孩子在兴趣特长如绘画、音乐、体育等领域的精彩表现，以及各类获奖情况，都被精心收录，并附上证书扫描件，让他们的独特光芒得以充分展现。

## 三、家校开放日：全景式深度体验，增进家校互信

家校开放日是一场盛大的教育盛会，为家长提供了全方位了解学校教育教学工作的宝贵机会，促进家校之间的深度交流与紧密合作。

1.“校长下午茶”活动

“校长下午茶”活动备受瞩目，它为家长代表与校长搭建了面对面交流的平台。在活动前，我们广泛征集家长关心的议题，涵盖学校发展规划、教育教学改革等重要方面。在温馨的氛围中，校长与家长坦诚沟通，为家长解答疑惑，倾听家长的建议，让学校的发展规划更加贴合学生与家长的期望。

2.“教师工作坊”

“教师工作坊”是一个充满知识与智慧的舞台，全方位展示了教师的日常工作。从精心备课的过程，到巧妙的批改作业

技巧，家长得以一窥教学背后的辛勤付出与专业智慧。特别设置的“作业批改体验区”可以让家长亲自上手，切身感受教师工作的细致与艰辛，增进其对教学工作的理解与尊重。

3. 学生成果展

学生成果展无疑是家校开放日的“璀璨明珠”。孩子的各类优秀作品琳琅满目，涵盖绘画、书法、手工艺品等多个领域。而孩子亲自担任讲解员，自信地分享作品背后的创作思路与成长故事，让家长直观感受到孩子在学校的学习成果与综合素质的提升。

4.“家长一日教师”活动

“家长一日教师”活动为家长提供了深度体验教学工作的宝贵机会。参与活动的家长需提前接受专业培训，熟悉教学流程与课堂管理技巧。在活动当天，家长走进课堂，亲身体验备课、授课、辅导学生等各个教学环节。这一独特的体验让家长能更加深入地理解教育工作的复杂性与专业性，从而在家校之间建立起更加深厚的理解与信任，共同为孩子的成长保驾护航。

教育是一场温暖的遇见，家校共育则是这场旅程中最美好的同行。当线上的便捷与线下的温度相遇，当专业的指导与实践的智慧交融，我们定能为孩子的成长撑起一片广阔的天空。未来，学校可根据实际情况，每学期重点打造 3~4 个特色项目，通过“试点—推广—优化”的闭环管理，逐步形成校本化家庭教育指导品牌。

# 方法实践篇

在"双减"政策深化与教育数字化转型的背景下，我校以"构建教育共同体"为核心理念，创新打造"日常互动—示范引领—开放赋能—深度沟通"四维实践体系，着力破解家校共育中的结构性矛盾，探索形成具有时代特征、校本特色的协同育人模式。这四个方面相互关联、相辅相成，从日常互动到榜样引领，从特殊活动到常规沟通，共同构成了丰富多彩且行之有效的家校共育实践体系。接下来，让我们一同走进这些充满爱与智慧的家校共育实践场景，探寻孩子成长背后的奥秘。

# 家校联动：“一日三享”，共筑成长阶梯

在孩子的成长旅程中，学校教育与家庭教育相辅相成，共同为孩子的未来铺就基石。为全方位推进家校共育，深度营造关注孩子健康、快乐成长的良好氛围，大力弘扬修身律己、崇德向善的时代风尚，我校匠心独运，精心策划并积极开展了特色鲜明的“一日三享”活动，具体涵盖“陶笛晨想、翰墨飘香、悦享阅读”三大板块，期望借助这些活动，为孩子搭建起全方位的成长平台，助力他们在艺术素养提升、文化知识积累以及情感沟通深化等多个维度实现稳步发展。

## 一、陶笛晨想：奏响艺术旋律

### 1. 时间规划

在学习日，我校充分考量孩子的作息规律，巧妙安排孩子于每日早上 7：50 至 8：00 集中进行陶笛练习。在这段清晨时光，孩子精神饱满，在陶笛的吹奏中开启一天充满艺术气息的

学习生活。而在休息日，为了让孩子的艺术练习不间断，鼓励他们在家中自主练习，时间设定为早上 8：00 至 8：30。如此一来，无论是身处校园还是在家中，他们都能沉浸在陶笛的美妙旋律之中。

2. 实施举措

我校始终秉持“乐器进课堂”的先进教育理念，将陶笛正式纳入课堂教学体系，明确提出“让每个学生会一样乐器，人人会吹奏陶笛”的培养目标。

在课堂教学中，专业音乐教师凭借深厚的专业素养和丰富的教学经验，对孩子进行悉心指导。从最基础的指法教学，如如何正确按孔、运指，到复杂曲目的吹奏技巧，教师循序渐进，逐步引导孩子掌握陶笛吹奏技能。在教授基础指法时，教师会通过生动形象的比喻，将指法动作类比为生活中的常见动作，让孩子易于理解和记忆；在复杂曲目吹奏技巧的教学中，教师会先分段讲解，引导孩子理解每一段音乐的情感表达和演奏要点，再引导孩子进行整体连贯练习。孩子在悠扬的笛韵中，可以真切感受到音乐的独特魅力，其艺术素养得到全方位提升。

如今，清脆悦耳的陶笛声已成为清晨校园中的独特风景，那灵动的音符飘荡在校园里的每一个角落。而在节假日，陶笛的乐音也悄然融入家庭生活。孩子吹奏出的陶笛曲，或欢快活泼，似春日里欢快歌唱的小鸟；或婉转柔和，如潺潺流淌的山间溪流。这些美妙的乐音不仅为孩子带来无尽的遐想空间，也让家长欣喜地见证着孩子在艺术之路上的成长，家庭氛围因陶笛演奏而变得更加温馨和谐，这为孩子的快乐健康成长提供了有力支持。

## 二、翰墨飘香：传承文化瑰宝

1. 时间规划

在学习日，书法、国画课程被正式编入课表，确保孩子有充足的时间接受系统的专业指导。在休息日，我校鼓励孩子于晚上 19：30 开始在家进行练习，延续白天在校的学习热情，让传统文化的学习融入日常生活。

2. 实施举措

为大力弘扬中华传统文化，提升孩子的艺术修养，我校专门聘请专业的书法和国画教师。这些教师在教学过程中，将理论知识与实践操作紧密结合，通过校本课程向所有孩子普及国画和书法知识。

在日常教学中，教师注重因材施教，针对不同孩子的基础和特点，制定个性化的教学方案。从握笔姿势、笔画结构到构图布局，教师耐心细致地指导每一个孩子。为激发孩子的学习热情，我校在每个班级精心设置了“翰墨飘香”专栏，用于展示他们的优秀作品。这个专栏不仅是孩子展示自我的平台，更是班级文化建设的重要组成部分，激发了他们的竞争意识和创作热情。

每晚 19：30，孩子在家中准时开启书法、国画练习。在悠扬的古琴音乐背景下，他们认真临摹我校定期下发的范画，用心感受书画艺术的独特魅力，陶冶艺术情操。随着熟练度的提升，许多孩子开始尝试自主创作。一支笔在纸上勾勒出的画面，不仅凝聚着孩子的思考与创意，更彰显出他们对生活的热爱、对真善美的向往。

此外，亲子书画创作也成为活动中的一大亮点。在创作过程中，父母与孩子相互观摩、交流，共同解决遇到的问题，这既增进了亲子间的默契与信任，又培养了孩子的合作精神与团队意识。

## 三、悦享阅读：开启知识宝库

### 1. 时间规划

在学习日，我校充分利用每天课后服务 20 分钟，让孩子进行自主阅读，培养其良好的阅读习惯。同时，在每周二安排集中读书交流分享活动，鼓励孩子分享阅读心得，碰撞思维火花。在休息日，倡导孩子每天晚上 19：30 至 20：00 在家进行阅读，将阅读融入日常生活，让阅读成为一种习惯。

### 2. 实施举措

我校深知阅读对孩子成长的重要性，为确保推荐书籍的质量和针对性，专门组建了由学年组长和班主任组成的图书甄选小组。学年组长带领一名语文骨干教师，在浩如烟海的书籍中精心挑选出 10~15 本适合孩子阅读的书籍，涵盖科学、历史、文学等多个学科领域。随后，由学年班主任先行阅读，再次筛选出最佳的 8 本作为假期推荐书籍，供孩子自主选择。

为强化对孩子阅读的指导，助力孩子养成阅读习惯，我校根据不同年龄的孩子的特点设计了阅读手册。手册中包含“封面小侦探”“我的大发现”“艺术设计师”“精彩重回顾”阅读记录卡以及读书感悟等丰富内容，能够真实记录孩子的阅读感受，展示阅读成果。

开学初，我校会举行假期读书分享会。孩子精心准备，自信地展现出“腹有诗书气自华”的风采。他们或畅谈读书心得、推介好书，或赏析名著、讲述经典故事，真切表达对读书的热爱与感悟。此外，我校还邀请家长参与其中。家长放下忙碌的工作，与孩子一起走上台，入情入境地表演书中的精彩片段，共同享受温馨的亲子时光，感受阅读带来的幸福与满足。

通过“一日三享”活动的持续开展，我校在推进家校共育方面取得了显著成效。孩子在艺术修养、文化素养以及亲子关系等方面均得到了有效提升。未来，我们将不断优化活动方案，持续深化家校共育，为孩子的成长创造更加优质的环境，助力他们实现全面发展。

# 模范先行：
# 榜样家庭推动整体成长

积极向上、紧密协作的家校关系，能为班级营造出良好的学习氛围，让每一个孩子都能在关爱与支持中茁壮成长。而在这家校合作的宏大篇章里，榜样家庭就如同那点睛之笔，发挥着不可替代的关键作用。他们以自身的行动，为其他家庭树立了标杆，成为家校合作的生动典范，引领着整个班级向着更高的目标腾飞。

## 一、精筑榜样根基：榜样家庭分阶纳入标准

家庭作为孩子成长的初始摇篮，其内部环境的优劣、教育氛围的浓淡，对孩子道德品质的雕琢、行为习惯的养成以及价值观念的塑造，起着根本性的奠基作用。为了深度融合家庭与学校的教育资源，凝聚起更为强大的教育合力，我校匠心独运，精心制定了一套严谨且科学的榜样家庭分阶纳入标准。这套标准犹如一把精准的标尺，旨在筛选并树立起一

批批优秀家庭典范，充分发挥其辐射带动效应。具体标准如下。

1. 以和谐婚姻与厚道为人为基石

父母在婚姻关系中，彼此情真意切、相濡以沫，在日常生活里时刻践行相互尊重、理解包容与全力支持的理念。在为人处世方面，父母坚守忠厚善良的道德底线，奉行诚实守信的行为准则，怀揣乐于助人的热忱之心。无论是在邻里社区中，还是在社交圈内，父母皆凭借自身高尚的品德修养与得体的言行举止，赢得众人由衷的赞誉与认可，自然而然地成为孩子成长路上最鲜活、最具感染力的道德标杆，以“润物细无声”的方式，悄然影响着孩子价值观与道德观的形成。

2. 以营造家庭文化氛围为追求

高度重视家庭氛围的营造，巧妙运用丰富多样的方式，为家庭成员之间的情感交流搭建起稳固且温馨的桥梁。定期组织充满欢声笑语的家庭聚会，让家人在轻松愉悦的氛围中，分享生活的酸甜苦辣；共同投身于丰富多彩的户外活动，在亲近自然的过程中，增进彼此的默契与信任；围坐一起观看富有教育意义或趣味盎然的电影，在光影流转间，引发强烈的情感共鸣。

3. 以明确的家风、家规、家训为传承

精心制定清晰明确、科学合理且切实可行的家风家规，全方位覆盖道德规范、行为准则、学习态度等多个关键维度。这些家风家规可为家族成员的日常行为提供精准的指引与有力的约束，助力他们养成良好的行为习惯与高尚的道德品质。同时，用心提炼言简意赅、寓意深刻的家训，以凝练的语言精准诠释家族的核心价值观与对后代的殷切期望。家训不仅是家族精神的高度浓缩，更是家族成员世代传承、共同恪守的行为指南，激励着一代又一代家族成员奋勇进取、砥砺前行。

我校严格依据这些标准，悉心引导榜样家庭在经营好自身“小家庭”：的同时，充分发挥示范引领作用。在“榜样家庭”项目启动初期，要求各班级至少精心培育、深度挖掘两个契合标准的榜样家庭，使其成为班级家校共育的开路先锋。随着相关工作的持续深入推进，对榜样家庭的纳入数量将不再设限，鼓励更多优秀家庭踊跃加入，持续扩大榜样的辐射范围，形成积极向上的示范效应。

## 二、解密榜样力量：榜样家庭的教育密码

### 1. 先进教育理念的引领

榜样家庭的家长秉持全面发展的教育理念，坚决摒弃“唯学业成绩论”的狭隘观念。一方面，拥有敏锐的洞察力，能够精准捕捉并尊重孩子的兴趣爱好。另一方面，大力倡导孩子投身于社会实践活动中，让孩子在实践中深刻体悟社会责任感，全面锻炼其人际交往、团队协作等综合能力。在学习指导方面，将重点聚焦于对孩子学习方法的传授与学习态度的培养，运用启发式提问，引导孩子深入思考，逐步培养其

自主学习与独立解决问题的能力，从而实现其学业成绩与综合素质的协同提升。

2. 和谐亲子关系的构建

构建和谐亲子关系的核心在于实现有效沟通与给予充分的尊重、理解。榜样家庭的家长每天会安排固定的专属亲子交流时间，精心营造温馨、放松的交流氛围，让孩子能够毫无顾虑地分享学校生活中的趣事、倾诉在学习和生活中遇到的烦恼。在交流过程中，他们会专注倾听，以专注的眼神、积极的回应，向孩子传递出满满的重视。当孩子表达自身想法和观点时，即便与他们的想法存在分歧，他们也不会急于否定，而是以平等的姿态与孩子展开深入讨论，引导孩子从不同角度思考问题，在思维的碰撞与交融中，增进彼此的理解与信任。这种尊重和理解的沟通方式，使得孩子在面对困难和挑战时，能够毫无保留地向家长寻求帮助，为孩子塑造积极健康的性格与良好的人际交往能力奠定坚实的基础。

3. 积极参与家校合作

榜样家庭的家长深刻洞察到家校合作对孩子成长的重大意义，以实际行动积极主动地投身于学校和班级事务中。在学校运动会中，他们总是提前到达现场，不仅为自家孩子呐喊助威，更主动请缨，承担起志愿者的工作，协助教师组织学生、维持现场秩序，全力保障运动会的顺利进行。在班级文化建设方面，他们充分发挥自身优势，积极建言献策，大力支持班级文化建设，利用业余时间帮助班级精心制作文化展板，全方位展示孩子的优秀作品和班级活动风采，为营造浓厚、积极的班级文化氛围贡献力量。在家长会上，他们毫无保留地分享教育经验和心得，与其他家长共同探讨教育方法和策略，充分发挥榜样示范作用，带动更多家长深度参与家校合作，凝聚起强大的教育合力，为孩子创造更为优质的成长环境。

## 三、发挥榜样效能：榜样家庭如何带动班级发展

### 1. 经验分享，智慧传递

#### （1）家长会上深度交流

在学校定期举办的家长会上，榜样家庭的家长总是精心准备，将自己在教育子女过程中的宝贵经验毫无保留地分享给其他家长。以培养孩子的时间管理能力为例，他们会详细介绍制定时间表的具体步骤。首先，依据孩子的课程安排、兴趣爱好以及休息需求，细致入微地合理划分每天的时间段，精确到每半小时或每一小时。其次，分享教导孩子设定任务优先级的有效方法，如引导孩子根据作业的难易程度和截止日期，合理确定先完成哪些任务。此外，他们还会坦诚讲述在实施过程中遇到的问题，如孩子难以坚持按时间表完成任务、容易产生拖延情绪等，以及他们采取的行之有效的解决办法，如设置奖励机制，即当孩子按时完成任务时给予适当

的奖励，以此激发孩子的积极性。通过这种深度、全面的分享，其他家长能够清晰、透彻地了解到培养孩子的时间管理能力的全过程，从而更好地借鉴和应用。

（2）班级群中实时互动

在班级群这个便捷、高效的交流平台上，榜样家庭的家长充分发挥其引领作用。他们会及时分享孩子参加社会实践活动的照片。这些照片生动地记录了活动的精彩瞬间，直观展现了孩子在活动中的出色表现和显著收获。同时，他们会详细撰写活动心得，深入描述孩子在活动中的亲身体验、内心感受以及所学到的知识和技能，这有力地促进了其他家长在教育孩子方面相互学习、共同进步。

（3）线上讲座中专业探讨

榜样家庭的家长积极与学校携手合作，踊跃参与线上讲座。在讲座中，他们与专业的家庭教育指导师共同探讨教育热点问题，例如，如何巧妙应对孩子的叛逆期、怎样有效培养孩子的自主学习能力等。榜样家庭的家长结合自身丰富的实际经验，分享在面对这些问题时的具体做法和心得体会。家庭教育指导师则从专业的理论角度进行深入分析和解读，提供科学、系统的教育方法。通过这种专业理论与实践经验相结合的探讨方式，实现了教育智慧的广泛传播，让更多的家长能够获取到实用、有效的教育知识和技巧，显著提升家庭教育水平。

2. 活动引领，凝聚力量

（1）精心组织班级活动

对于班级活动，如亲子运动会，榜样家庭的家长总是勇挑重担，主动承担起策划和组织的重任。在活动策划阶段，他们会与教师充分沟通，深入了解活动的目的和要求，同时充分考虑孩子的年龄特点和兴趣爱好，精心设计出丰富多样、趣味十足且富有挑战性的比赛项目，如接力赛跑、亲子跳绳、趣味投篮等。在活动当天，他们也会早早来到现场，不辞辛劳地精心布置场地，认真准备好比赛所需的道具和奖品。在活动过程中，他们不仅严谨公正地担任裁判，确保比赛的公平公正，还热情积极地充当志愿者，为参赛的家庭提供全方位的帮助和支持，如引导参赛家庭入场、细心照顾受伤的孩子等。他们积极参与和认真负责的态度，犹如星星之火，极大地激发了其他家长的参与热情，让更多的家长和孩子全身心地投入到活动中，有效增进了亲子之间的感情，有力促进了家长和教师之间的交流与合作，显著提升了班级的凝聚力。

（2）在班级文化建设中发挥特长

在班级文化建设方面，榜样家庭的家长充分施展自己的特长，展现自己的优势。例如，有些家长具有艺术方面的才华，他们会主动参与到班级文化墙的设计和制作中。他们会根据班级的特色和孩子的需求，独具匠心地设计出独特的文化墙主题。同时，他们还会在班级文化墙上巧妙添加一些激励性的标语和名言警句，营造出积极向上、催人奋进的班级文化氛围。这样的方式不仅极大地增强了孩子的自信心和归属感，也让班级文化更加丰富多彩，显著丰富了班级的文化内涵。

3. 精神感染，激发动力

（1）树立榜样，感染他人

榜样家庭的家长在日常生活中始终保持着积极乐观的生活态度和努力奋斗的精神风貌，这种强大的正能量深深地感染着他们的孩子及其周围的同学。即使是生活中的各种困难和挑战，如经济压力、工作繁忙等，他们依然能够以乐观豁达的心态从容面对，全力以赴地努力工作，为家庭创造良好的生活条件。

在教育孩子方面，他们以身作则，鼓励孩子勤奋学习，勇于追求自己的梦想，通过不懈努力去实现人生价值。例如，×× 同学的父母虽然工作十分辛苦，但他们每天都会抽出时间陪伴他，关心他的学习和生活，鼓励他积极参加各种活动，培养他的综合素质。×× 同学在父母的言传身教下，学习刻苦认真，成绩优异，同时还积极参加学校的各种社团活动和比赛，锻炼自己的能力。他的这种积极向上的精神感染了班级里的许多同学，让同学们深刻认识到只有通过努力拼搏才能取得进步，从而激发了同学们形成良好的学习态度，努力学习，不断进步。

（2）在困难时刻给予鼓励

当孩子在学习和生活中遇到困难和挫折时，榜样家庭的家长总会给予孩子耐心的鼓励和坚定的支持。他们会认真倾听孩子的烦恼和困惑，帮助孩子深入分析产生问题的原因，引导孩子寻找切实可行的解决方法。例如，当 ×× 同学在学习上遇到困难，成绩下滑时，他的父母并没有责备他，而是与他一起制订详细的学习计划，每天监督他的学习进度，鼓励他坚持不懈。在父母的鼓励和支持下，×× 同学重新树立了信心，经过一段时间的努力，他的成绩逐渐得到了提高。榜样家庭的家长还会将孩子克服困难的过程分享给其他同学，让同学们了解到在面对困难时应该如何保持积极的心态，勇敢地克服困难。这种方式为其他同学提供了面对挫折的勇气和方法，激励同学们在遇到困难时不轻易放弃，勇往直前。

榜样家庭在家校合作中扮演着无可替代的关键角色，其先进的教育理念、和谐的亲子关系以及积极参与家校合作的态度，宛如强劲的引擎，为班级的发展注入了源源不断的强大动力。他们不仅是其他家庭学习的典范，更是推动家校合作不断纵深发展的重要力量。

# 开放赋能：家长开放日的教育合力构建

家长开放日是学校推动家校共育的关键平台，通过精心规划与组织，构建起学校与家庭紧密沟通的桥梁，形成强大的教育合力。以下将从活动前的筹备、活动中的安排以及活动后的跟进三个阶段，详细阐述我校是如何借助家长开放日活动，促进家校共育的。

## 一、精心筹备，明确目标

在家长开放日活动筹备前期，我校管理团队、教师代表以及家长委员会成员共同参与，进行全面而细致的规划。通过问卷调查、线上交流等方式，广泛收集家长关心的问题与期望，如孩子的学习进展、在校生活状况、综合素质培养等。基于这些反馈，结合我校的教育教学计划与特色，明确活动的核心目标与丰富内容。

活动内容不仅涵盖常规的课堂教学观摩，还包括特色的艺体活动展示、校园文化深度介绍以及教育理念分享讲座等，确保家长能够全方位、多层次地了解学校的教育生态，为家校共育奠定坚实的基础。

## 二、多元活动，深度参与

1. 课堂观摩，洞察学习

在开放日当天，家长手持精心设计的活动指南，有序走进教室，与孩子一同开启课堂之旅。教师以多样化的教学方式，如小组合作探究、情景式教学等，激发孩子的学习兴趣与主动性。家长认真观察孩子在课堂上的表现，从专注倾听、积极发言到小组协作，深入了解孩子的学习状态与习惯。课后，教师与家长进行面对面的交流，家长分享自己的观察与思考，为教学方式的优化、个性化教育的实施提供宝贵建议。

2. 艺体活动展示，见证成长

艺体活动展示环节成为校园里的一道亮丽的风景线。操场上，活力四射的体育表演，如武术操、动感篮球等，展现出孩子矫健的身姿与蓬勃的活力；大会议室中，悠扬的乐器演奏、优美的舞蹈、深情的诗歌朗诵，彰显出孩子在艺术领域的修养与才华。部分家长还被邀请参与亲子艺体互动游戏，如亲子跳绳、接力运球等，在欢声笑语中，亲子关系得到进一步升温，家长也更加直观地感受到我校在培养孩子的综合素质方面所做出的努力。

3. 文化之旅，凝聚共识

校园文化深度介绍是家长开放日的重要环节。家长在学生讲解员的带领下，漫步于校园的各个角落，参观文化走廊、艺术教室、课程室等。文化走廊上，孩子的优秀作品琳琅满目，从创意绘画到书法佳作，从科技小发明到文学创作，展现出学校浓厚的文化氛围与育人成果。通过这一环节，家长对学校的文化底蕴有了更深刻的认识，与学校在教育理念上达成高度共识。

4. 教育理念分享讲座，更新理念

为帮助家长更好地理解现代教育理念，掌握科学的教育方法，学校领导还会进行专题讲座。讲座内容涵盖儿童心理发展、家庭教育策略、亲子沟通技巧等方面，通过理论阐述、案例分析与现场互动，引导家长树立正确的教育观与成才观。家长认真聆听，积极提问，在与学校领导的交流中，不断更新自己的教育理念，提升家庭教育能力。

## 三、及时跟进，持续深化

家长开放日活动结束后，学校迅速行动，通过在线问卷、纸质反馈表、座谈会等形式，广泛收集家长的意见与建议。对于家长提出的关于教学质量提升、家校沟通机制优化等方面的合理建议，进行分类整理，并制订详细的改进计划，明确责任部门与时间节点，确保各项建议能够得到有效落实。

为持续巩固家校共育成果，我校定期开展跟进活动。例如，每月组织一次线上家长会，及时向家长反馈孩子的学习进展与身心发展状况；每学期举办家庭教育经验分享会，邀请优秀家长分享经验，促进家长之间的相互学习与交流；不定期开展亲子主题活动，如亲子阅读、亲子志愿服务等，进一步增进亲子关系与家校合作的紧密程度。

通过以上系统而全面的家长开放日活动及后续跟进措施，我校将家庭教育与学校教育有机结合，形成协同育人的良好局面，为孩子的全面发展与健康成长创造更加优质的教育环境。

# 同频共振：
# 通过家长会解锁孩子成长的密码

家长会作为学校与家庭沟通的重要桥梁，在促进家校共育方面发挥着不可替代的作用。我校通过精心筹备、设置多元内容以及会后有效跟进，全方位利用家长会这一平台，凝聚家校合力，共同助力学生成长。

## 一、会前精心筹备，明确目标方向

### 1. 收集信息，精准定位需求

我校通过问卷调查等方式，广泛收集家长关心的教育问题，如孩子学习习惯的培养等。同时，教师结合日常教学观察，梳理每个孩子的学习情况、性格特点及在校表现，为家长会的针对性开展提供翔实依据。

### 2. 制定方案，合理规划流程

基于收集到的信息，我校制定详细的家长会方案。首先，确定家长会的主题，如“携手共育，助力孩子全面发展”和“关注孩子成长关键期，家校合作同前行”等，确保主题贴合家长需求与孩子发展阶段特点。其次，规划家长会流程，合理安排各环节时间，内容涵盖学校整体情况介绍、班级管理汇报、学生成果展示、家长互动交流等，力求全面且有序。

3. 培训教师，提升沟通能力

我校定期组织教师参加家长会专项培训，提升沟通技巧与教育指导能力。培训内容包括如何清晰准确地传达教育理念和信息、如何倾听家长意见并有效回应、如何引导家长积极参与讨论等，确保教师在家长会上能够与家长进行高质量的沟通。

## 二、会中内容多元，促进深度共育

1. 学校层面：理念传递与整体展示

（1）办学理念与成果汇报

学校领导向家长介绍我校的办学理念、发展规划以及本学期取得的教育教学成果，通过图片、视频、数据等形式，直观展示我校在师资队伍建设、课程改革、校园文化活动组织等方面的努力与成绩，让家长对我校的整体发展有清晰的认识，增强家长对我校教育教学工作的信任。

（2）教育政策与资讯解读

我校针对近期出台的教育政策，如招生政策调整、“双减”政策落实等，进行详细解读，帮助家长了解政策对孩子学习和成长的影响，引导家长正确理解和支持我校教育教学工作的调整与变革。

2. 班级层面：聚焦学生，共商教育

（1）班级管理与教学汇报

班主任介绍班级管理理念、班级规章制度以及班级整体发展情况，包括班级文化建设、孩子行为规范养成等方面。学科教师分别汇报本学科的教学计划、教学进度以及孩子在课堂学习、作业完成等方面的表现，让家长全面了解孩子在班级中的学习生活状况。

（2）学生成果展示

通过多媒体展示、实物展览等形式，向家长呈现孩子在本学期完成的优秀作业、艺术作品和获得的学科竞赛获奖证书等，让家长看到孩子在学业、艺术、实践等方面的进步与成长，增强家长对孩子的信心，同时也激励孩子继续努力。

（3）案例分享与经验交流

邀请优秀学生家长分享家庭教育经验，从学习习惯培养、亲子沟通技巧、家庭氛围营造等方面，为其他家长提供借鉴。教师也会选取典型教育案例进行分析，与家长共同探讨教育问题应对策略，引导家长掌握科学的教育方法。

（4）互动交流与答疑解惑

设置专门的互动环节，鼓励家长就关心的问题提问，与教师进行深入交流。教师认真倾听家长的困惑与建议，结合教育教学专业知识给予耐心解答和指导，与家长共同探讨适合孩子个体发展的教育方式。对于家长提出的关于班级管理、教学改进等方面的合理建议，教师当场记录，承诺会后认真研究并及时反馈。

## 三、会后有效跟进，巩固共育成果

### 1. 总结反馈，落实改进措施

家长会结束后，我校组织教师对家长提出的问题和建议进行分类整理和深入分析。针对家长普遍关注的问题，如课后服务质量提升、学生心理健康教育加强等，制定详细的改进方案，明确责任部门和责任人，设定整改期限，并通过我校官网、公众号等渠道向家长反馈改进计划与进展情况，让家长看到我校对问题的重视与解决问题的决心。

### 2. 个别沟通，关注特殊需求

对于在家长会上未能充分沟通或有特殊教育需求的孩子，教师在会后主动与家长进行一对一的沟通。通过电话、家访、线上交流等方式，深入了解孩子的家庭环境、成长经历等因素对其产生的影响，与家长、孩子共同制定个性化的教育方案，持续关注其发展变化，及时调整教育策略。

### 3. 强化合作，开展后续活动

为进一步巩固家校共育成果，我校以家长会为契机，策划并组织一系列后续活动。如开展家长学校系列讲座，定期邀请教育专家、心理专家为家长授课，提升家长的教育素养；组织亲子实践活动，如亲子运动会、亲子志愿服务等，增进亲子关系，营造良好的家庭氛围；建立家长志愿者队伍，邀请家长参与学校管理、活动组织等工作，增强家长对我校教育教学工作的参与感和认同感。

通过以上环环相扣、紧密有序的家长会组织与跟进措施，学校与家庭之间建立起了更加紧密、高效的沟通机制，实现了教育理念的深度融合与教育资源的有机整合，为孩子的全面发展和健康成长奠定了坚实的基础。

# 特殊教育篇

教育是一场温暖的修行，每个孩子都是独一无二的花朵，而特殊家庭的孩子，更需要我们用心呵护。在追求教育公平与质量的征程中，家校共育的力量至关重要。不同类型的特殊家庭，面临着各自独特的挑战。深入了解这些家庭的需求，为他们量身定制支持策略，是学校与家庭共同的使命。让我们一同走进这些特殊家庭，探寻如何携手为孩子撑起一片晴朗的天空。

# 差异细分：特殊家庭需求全景解析

在教育过程中，特殊家庭的孩子需要额外的关注与支持。准确识别特殊家庭类型，并深入理解其核心需求，是家校共育助力孩子健康成长的关键起点。

## 一、单亲家庭

### 1. 家庭结构特点

单亲家庭指由于父母离异、丧偶等原因，孩子仅与父亲或母亲一方共同生活的家庭形式。在这类家庭中，缺少一方家长的陪伴与参与，家庭角色相对单一。

### 2. 核心需求

（1）情感关怀需求

孩子容易因家庭结构的不完整而产生情感缺失感，渴望来自父母双方的关爱。他们尤其需要额外的情感关注，以弥补因家庭变动而可能带来的心理创伤。

（2）教育引导协助

单亲家长往往面临着更大的生活压力，在教育孩子方面可能分身乏术。因此，他们急需学校提供教育方法指导，协助其更好地引导孩子成长，确保孩子在学业和品德培养上持续进步。

## 二、重组家庭

1. 家庭结构特点

重组家庭是由父母离异后，一方或双方重新组建的家庭，家庭中可能存在继父母与继子女关系，家庭关系相对复杂。

2. 核心需求

（1）家庭关系调适指导

新成员的加入可能引起家庭内部关系的微妙变化，孩子需要时间适应新的家庭角色和关系模式。家长和孩子都迫切需要专业的指导，帮助他们妥善处理亲子关系、继父母与继子女关系，营造和谐的家庭氛围。

（2）个性化心理支持

重组家庭的孩子可能会经历身份认同的困惑，在面对他人的眼光时产生心理压力。他们需要学校提供个性化的心理咨询服务，帮助他们正确看待家庭变化，建立积极的自我认知。

## 三、经济困难家庭

1. 家庭结构特点

经济困难家庭通常面临着经济上的困境，收入较低，难以满足家庭正常开支及孩子的学习、生活需求，家庭资源相对匮乏。

2. 核心需求

（1）经济支持与资源获取支持

经济困难家庭的首要需求是经济上的支持，包括学费减免、助学金申请、学习用品资助等，以保障孩子能够顺利完成学业。此外，经济困难家庭的孩子需要获取更多教育资源，如课外辅导资料、参加课外学习活动的机会等，缩小与其他孩子的差距。

（2）心理帮扶与励志教育

经济困难家庭的孩子可能因经济原因而产生自卑心理，对未来感到迷茫。他们需要学校给予心理关怀，帮助他们树立自信。学校可通过励志教育激发他们改变命运的动力，培养其积极向上的人生态度。

## 四、留守儿童家庭

1. 家庭结构特点

父母双方或一方长期外出务工，孩子留在户籍所在地，由祖父母、外祖父母或其他亲属代为监护。亲子之间长期处于分离状态，家庭教育存在一定程度的缺失。

2. 核心需求

（1）亲情陪伴替代

孩子在成长过程中缺少父母的日常陪伴，情感需求难以得到充分满足。他们需要学校和社会提供类似亲情陪伴的支持，如组织志愿者定期关爱活动、开展一对一帮扶等，给予他们温暖和关怀。

（2）学业监管与指导

由于临时监护人文化程度普遍较低，对孩子学业的监管和指导能力有限。学校需要加强对留守儿童学业的关注，为其提供额外的学业辅导，建立有效的学业跟踪机制，确保他们的学习不受影响。

## 五、残疾儿童家庭

1. 家庭结构特点

家庭中有残疾儿童时，家长不仅要承担照顾孩子生活起居的重任，还要面对为孩子提供特殊教育和康复训练的巨大压力，家庭负担沉重。

2. 核心需求

（1）专业教育与康复资源

家长急需为孩子获取专业的特殊教育服务，包括特殊教育学校信息、合适的康复训练机构推荐等。此外，他们还希望了解最新的教育和康复理念、方法，以便更好地在家中协助孩子成长。

（2）心理支持与喘息服务

照顾残疾儿童的过程漫长且艰辛，家长容易产生心理压力和疲惫感。他们需要心理辅导和支持，以帮助他们缓解心理负担。同时，喘息服务对这类家庭至关重要，即通过专业人员临时照顾孩子，让家长能有短暂的休息时间，以调整身心状态。

## 六、多子女家庭

1. 家庭结构特点

多子女家庭育有两个及以上未成年子女。在这样的家庭中，孩子数量较多，每个孩子有着不同的性格、兴趣和成长需求，家庭互动关系更为复杂多样。

2. 核心需求

（1）教育资源均衡分配指导

随着孩子数量增多，在教育资源分配方面容易产生矛盾，如时间、精力、经济投入等方面。家长需要学校提供科学的分配方法指导，确保每个孩子都能获得足够的教育支持，避免因资源分配不均而影响孩子的发展。

（2）手足关系引导与竞争关系协调

多子女间易出现手足竞争问题，可能表现为争夺父母关注、资源等。学校应协助家长引导孩子建立良好的手足关系，帮助家长掌握协调孩子之间竞争关系的技巧，培养孩子的合作意识与分享精神，营造和谐的家庭成长氛围。

## 七、特殊教育需求家庭

1. 家庭结构特点

这类家庭子女可能患有孤独症、多动症等特殊疾病，孩子在学习、生活等方面需要特殊的教育和照顾，家庭面临较大的精神压力和经济压力。

2. 核心需求

（1）专业干预资源保障

专业干预资源短缺是这类家庭面对的突出问题，家长急需获取专业的医疗、教育干预资源，如专业的康复治疗师、特殊教育教师，以及适合孩子的特殊教育教材、设备等。

（2）强化社区支持体系

目前社区支持不足。这类家庭需要社区提供更多实质性帮助，如建立特殊儿童活动中心、组织志愿者服务等。同时，依据《残疾人教育条例》规定的融合教育要求，学校应确保特殊教育需求孩子能在普通教育环境中获得适当支持，促进其全面发展。

学校，作为知识与关爱的殿堂，应充分发挥专业优势，为这些孩子提供丰富的教育资源，精心雕琢他们的学识。与此同时，学校应格外注重孩子的心理健康，给予悉心的关怀与疏导，帮助他们驱散内心的阴霾。家庭，是孩子心灵的避风港。家长应以温暖的陪伴，给予孩子充足的安全感，并用坚定的支持，成为孩子面对困难时的强大后盾。

# 解码需求：
# 特殊家庭差异化支持体系构建路径

为了让这些特殊家庭不再独自面对风雨，我校精心构建了一套特殊家庭精准支持体系，旨在用爱与关怀为其撑起一片晴朗的天空，助力每一个孩子茁壮成长，让每一个家庭重燃希望。接下来，让我们一同深入了解这一充满温情与力量的支持体系。

## 一、构建“一人一档”动态管理系统

1. 精细的信息采集

深入特殊家庭的生活，是精准支持的第一步。我校教师通过家访与家庭成员面对面交流，用心倾听他们的故事，观察家庭的实际状况。同时，借助精心设计的问卷调查，全面收集涵盖家庭成员构成、经济收入，孩子身心发展特点、学习表现，以及家庭所面对的具体困难等多维度信息。这种全面而深入的采集方式，确保我们能够精准把握每个特殊家庭的独特需求。

2. 严密的隐私守护

特殊家庭的隐私需要我们悉心守护。为此，我校为采集到的信息设置了严格的分级查阅权限。只有经过严格审核并得到授权的特定人员，才能依据其职责和权限，访问相应级别的信息。这一严谨的制度设计，为特殊家庭的隐私筑牢了安全防线，让他们在接受支持的过程中感受到充分的尊重与安心。

3. 及时的动态更新

生活的变化如同一幅不断展开的画卷，特殊家庭的情况也并非一成不变。为了确保支持始终精准有效，我校坚持每学期对“一人一档”的信息进行细致复核。根据复核所发现的家庭状况变化，如孩子学业的进步、家庭经济条件的改善或新出现的困难等，及时调整并优化为每个家庭量身定制的支持方案，让支持如同灵动的音符，始终与家庭的实际需求和谐共鸣。

## 二、开发差异化活动菜单

为践行 “精准服务、温情关怀”的理念，我校以差异化为核心设计原则开发了差异化活动菜单（表 2），针对不同家庭类型的痛点与期待，精心打造主题活动模块，旨在通过专业化、场景化、可持续的服务，为特殊家庭搭建成长支持网络，传递社会温度。

表 2　差异化活动菜单

| 家庭类型 | 线上支持 | 线下活动 |
| --- | --- | --- |
| 单亲家庭 | 情感支持热线 | 单亲家庭亲子露营 |
| 重组家庭 | 家庭关系调解热线 | 家庭融合工作坊 |
| 经济困难家庭 | 免费学习资源包 | “爱心午餐”计划 |
| 留守儿童家庭 | 周末云陪伴 | 定期家访 |
| 残疾儿童家庭 | 无障碍学习资源 | 融合运动会 |
| 多子女家庭 | 多子女育儿经验分享群 | 亲子协作挑战赛 |
| 特殊教育需求家庭 | 特殊教育专家咨询通道 | 特殊教育亲子训练营 |

这一措施以“赋能、陪伴、融合”为核心理念，通过线上线下联动、资源整合、社会倡导三大策略，构建覆盖心理支持、教育赋能、亲子互动、社会融入的全方位服务体系。每个活动模块均经过需求调研与可行性论证，确保服务精准满足家庭需求，切实提升特殊家庭的获得感与幸福感。

1. 单亲家庭：温情相伴，助力成长

（1）线上情感热线——心灵的避风港

单亲家庭的孩子和家长，常常在生活的浪潮中承受着心理上的压力。为此，我校开通了专门的情感支持热线，由专业且富有同理心的心理咨询师值守。无论是孩子在面对成长烦恼时的迷茫，还是家长在教育过程中的困惑，都能通过这条热线获得及时的倾听与疏导，让他们感受到温暖与支持，为心灵找到宁静的港湾。

（2）亲子露营——共享欢乐时光

我校定期组织亲子露营活动，为单亲家庭搭建增进亲子感情的桥梁。在大自然的怀抱中，我校精心设计各种充满趣味与挑战的亲子互动环节，如合作搭建帐篷、共同完成户外探险任务等。这些活动不仅能让家长和孩子在轻松愉悦的氛围中加深对彼此的了解与信任，更能为他们创造一段段美好的回忆，共同书写家庭生活的温馨篇章。

2. 重组家庭：化解矛盾，促进融合

（1）家庭关系调解热线：疏通沟通堵点

我校开通家庭关系调解热线，为重组家庭提供线上支持。当家庭内部出现亲子隔阂、成员相处矛盾等问题时，家庭成员可通过热线联系专业调解人员。调解人员会耐心倾听诉求，运用专业知识梳理矛盾根源，引导家庭成员学习有效的沟通技巧与相处方式，帮助家庭成员舒缓情绪、化解矛盾，助力重组家庭在沟通中逐步构建更和谐的家庭关系，为孩子营造温馨的家庭氛围。

（2）“家庭融合工作坊”：搭建共融平台

我校开设“家庭融合工作坊”，邀请重组家庭参与线下活动。线下活动包括家庭故事分享、协作游戏等环节，鼓励家庭成员在轻松的互动中增进了解、培养默契。比如通过“家庭树”绘制活动，让家庭成员共同梳理家庭关系与情感联结；借助团队游戏，增进亲子、继亲之间的信任。这些活动为重组家庭创造了面对面深度交流的机会，能使家庭成员在参与中感受到彼此的付出与关爱，助力重组家庭形成更紧密的情感联结，让孩子在融洽的家庭氛围中健康成长。

3. 经济困难家庭：雪中送炭，点亮希望

（1）免费学习资源包：知识的馈赠

针对经济困难家庭的孩子在学习资源获取上的困境，我校整合各方优质教育资源，精心打造了免费学习资源包。这个资源包涵盖了丰富的教材、详尽的辅导资料以及各类在线课程，满足孩子从基础知识学习到拓展提升的多样化需求，为他们的学业发展提供有力支持，减轻其家庭的经济负担。

（2）“爱心午餐”计划：温暖的“食”光

我校启动了充满关爱的“爱心午餐”计划，为经济困难家庭的孩子提供营养丰富、美味可口的免费午餐。我们深知，一顿营养充足的午餐是孩子健康成长的基石。通过这个计划，让孩子在学校能够享受到热气腾腾、营养均衡的饭菜，以饱满的精神投入到学习和生活中，感受到社会的关爱与温暖。

4. 留守儿童家庭：温情陪伴，助力成长

（1）周末云陪伴：架起爱的桥梁

我校开展了“周末云陪伴”活动，借助线上视频通话、语音互动等方式，为留守儿童与外出家长搭建沟通的桥梁。每到周末，孩子可以和远方的家长畅快聊天，分享一周的学习与生活趣事。这种线上陪伴有效缓解了留守儿童的孤独情绪，让他们在远程互动中持续感受到亲情的关怀。这一措施为留守儿童的心灵构筑了温暖的精神港湾。

（2）定期家访：传递关爱温度

我校开展了“定期家访”活动，组织教师与志愿者定期走进留守儿童的家中。家访时，教师和志愿者一方面通过与孩子进行面对面交流，详细了解孩子的生活环境、日常学习情况与心理状态，给予他们关怀与鼓励，及时发现并疏导孩子可能存在的孤独、迷茫等情绪；另一方面，与孩子的监护人（如祖辈等）深入沟通，反馈孩子的成长表现，指导监护人更好地关注孩子的学习与心理需求，同时也会为留守儿童家庭送去一些适合孩子的学习资料或生活物资。通过定期家访，让关爱真正落到实处，搭建起学校与家庭之间紧密联系的纽带，让留守儿童在熟悉的家庭环境中也能持续感受到来自学校和社会的关注与温暖，助力他们身心健康成长。

5. 残疾儿童家庭：携手同行，共赴希望

（1）无障碍学习资源：开启知识之门

我校为残疾儿童量身定制了全方位的无障碍学习资源，消除他们在学习道路上的重重障碍。这些资源包括专为视障儿童制作的盲文教材、方便听障儿童学习的手语教学视频，以及各种适配残疾儿童需求的特殊教育软件等。通过这些精心准备的学习资源，确保残疾儿童能够平等地获取知识，开启探索世界的大门。

（2）融合运动会：绽放自信光芒

我校举办了充满活力与温情的融合运动会，邀请残疾儿童与普通儿童共同参与。运动会设置了丰富多样的体育项目，充分考虑到残疾儿童的身体状况和能力特点。在这里，这些孩子不仅能够锻炼身体，更能在团队合作和竞技挑战中，培养坚忍的意志和自信心。同时，融合运动会也向社会传递了理解、接纳与包容的信号，促进社会对残疾儿童的尊重与关爱。

6. 多子女家庭：经验共享，协作成长

（1）多子女育儿经验分享群：汇聚智慧锦囊

我校建立了多子女育儿经验分享群，为多子女家庭提供线上交流空间。在群内，多子女家庭家长可分享多子女养育心得，如平衡子女关爱、引导兄弟姐妹协作、化解子女矛盾等方面的方法；也可提出在养育过程中产生的困惑，与其他家长探讨解决方案。同时，群里会定期推送多子女教育的专业文章、案例分析，供家长学习参考。通过这个线上社群，家长可相互借鉴经验、汲取育儿智慧，更科学地应对多子女养育过程中的挑战，助力子女间形成良好的相处模式，营造温馨健康的成长环境。

（2）亲子协作挑战赛：激发协作活力

我校举办了亲子协作挑战赛，组织多子女家庭参与线下活动。挑战赛设置了接力任务、创意搭建、家庭问答等需要亲子共同协作完成的比赛项目。例如，“家庭默契大闯关”

要求孩子与家长配合完成指令动作，“合力搭建高塔”则考验孩子与家长的协作创造力。在比赛过程中，家庭成员分工协作、相互支持，这既能提升亲子间、子女间的默契度与协作能力，也能让孩子在团队协作中感受到家庭的凝聚力，助力多子女在互动中共同成长。

7. 特殊教育需求家庭：专业支持，亲子共学

（1）特殊教育专家咨询通道：提供专业支持

我校开通了特殊教育专家咨询通道，为特殊教育需求家庭提供线上专业支持。有需求的家庭可通过该通道与特殊教育领域的专家进行一对一的沟通，咨询孩子教育、心理疏导等方面的问题。专家会结合孩子的具体情况，给出个性化的教育建议与康复指导，比如针对孩子的认知发展特点为家长推荐适合的教学方法，或指导家长在家开展有效的康复训练。这一通道为家庭搭建起与专业资源直接对接的桥梁，让家长能更科学地助力孩子成长。

（2）特殊教育亲子训练营：深化亲子互动

我校开设了“特殊教育亲子训练营”，邀请特殊教育需求家庭参与线下活动。训练营围绕特殊儿童的发展需求，设置了亲子互动课程与训练项目，如“感官探索亲子课”通过丰富的感官材料，引导孩子与家长共同进行感知体验与互动；“亲子协作技能训练”项目则设计了适合不同孩子能力水平的协作任务，在孩子与家长共同完成任务的过程中锻炼孩子

的技能，增进亲子间的情感联结与互动。在专业教师的指导下，家长能更直观地学习与孩子互动的方法，孩子也能在亲子协作中获得成长与愉悦。训练营可使特殊教育需求家庭的亲子关系在共学共练中不断深化。

## 三、搭建三级支持网络

为全方位呵护特殊家庭孩子，为他们的成长提供坚实有力的支持，我校精心构建起一套三级支持网络，从校级、年级、班级三个维度协同推进，为孩子铺就一条充满希望的成长之路。

1. 校级统筹：引领关爱的方向

在学校层面，成立“特殊家庭关爱办公室”，作为支持特殊家庭的核心枢纽。这里汇聚了各方资源，制定全面而长远的支持规章与规划，如同灯塔照亮前行的道路。同时，该办公室密切关注各项支持措施的执行情况，及时协调解决遇到的问题，确保对特殊家庭的关爱工作沿着正确的方向，高效、有序地推进。

2. 年级关怀：贴心陪伴成长路

在年级层面，设立“阳光成长导师”团队。这些导师从众多教师中精心选拔而来，他们以深厚的教育情怀和丰富的教学经验，为所在年级的特殊家庭孩子提供个性化的关怀。无论是在学业上遇到困难时的耐心指导，还是在心理上出现波动时的细心疏导，抑或是在生活中面临挑战时的贴心帮助，

“阳光成长导师”团队始终如一地陪伴在孩子身边，成为他们成长道路上的引路人。

3. 班级互助：凝聚温暖力量

在班级层面，构建充满友爱与互助的同伴互助小组。以班级为单位，同学们自发组织起来，与特殊家庭孩子携手同行。在日常学习和生活中，小组成员相互帮助、共同进步。他们通过一起讨论问题、参加活动，增进彼此之间的友谊与理解。这种同伴间的互助，不仅让特殊家庭孩子感受到班级大家庭的温暖，更培养了所有孩子的爱心与责任感，让关爱的力量在班级中传递。

## 四、创新支持方式

1. 隐形资助：呵护尊严，传递关爱

我们深知，经济困难家庭的孩子在接受帮助时，往往也希望维护自己的尊严。因此，我校采用积分兑换等巧妙方式为他们提供学习用品。他们通过积极参与我校组织的各类有益活动，获取相应的积分，然后可以用这些积分在我校精心打造的“爱心超市”中，自主选择所需的学习用品。这种隐形资助方式，既满足了他们的实际需求，又巧妙地保护了他们的自尊心，让关爱在无声中传递。

2. 家长互助会：携手同行，共克时艰

我校积极倡导同类型特殊家庭组成家长互助会，为特殊家庭家长搭建一个相互支持、共同成长的平台。在这里，所有家长都可分享相似的经历与感受，交流应对困难的经验与智慧。无论是在教育孩子过程中的心得分享，还是在面对生活压力时的相互鼓励，所有家长在互助会中都可找到归属感和获得力量。这种同伴间的支持让他们明白自己并不孤单，携手共同应对特殊家庭面对的种种挑战。

3. 家校与社工联动：专业协同，守护心灵

加强家校与社工的紧密联动，引入专业心理咨询师，为特殊家庭孩子和家长提供全面的心理健康支持。心理咨询师定期走进学校，为孩子和家长开展心理健康讲座，普及心理健康知识，提高他们的心理调适能力；针对个别孩子和家长可能出现的心理问题，提供一对一的个体心理咨询服务；通过与学校教师、家长保持密切沟通，形成全方位的心理健康守护网络，及时发现并解决问题，为特殊家庭的心灵健康保驾护航。

通过“一人一档”动态管理系统的精细呵护，差异化活动菜单的贴心关怀，三级支持网络的全面覆盖，以及创新支持方式的用心探索，我校正一步步为特殊家庭驱散阴霾，带来光明与温暖。然而，这仅仅是一个开始。我们深知，特殊家庭的需求复杂多样，支持工作任重道远。但我们坚信，只要持续关注特殊家庭的需求，不断完善和优化支持体系，就一定能汇聚起磅礴的力量，为这些家庭撑起一片充满希望的蓝天。

# 精准滴灌：特殊家庭孩子的学业与心理协同干预实践路径

在对教育领域的探索进程中，我校秉持方法论传承，延续 “精准滴灌 ”的差异化服务理念。这一理念与个性化干预策略紧密呼应，确保教育服务能精确匹配孩子的个体需求。同时，我校注重协同创新，新增 “家校社协同视域”，着重突出三维支持网络的构建逻辑，整合家庭、学校、社会三方力量，为孩子的发展提供全方位支撑。

我校在研究层面不断深化，将以往 “学业与心理协同干预”的范畴扩展为 “发展支持”，全面涵盖认知、情感、社会性等多个维度，致力于促进孩子的综合成长。为获得更优效果，我校强调体系构建，提供系统性解决方案，与下面案例中的三维支持体系形成紧密呼应，全方位保障孩子成长路径的顺畅。

此外，为遵循学术规范，我校采用“实践路径—理论构建”的双层结构，既确保了实践操作的可行性，又兼顾了理论层面的深度与严谨性，为教育实践与研究奠定坚实的理论与实践基础。

## 一、案例一：重组家庭孩子的学业干预

1. 案例主角：重组家庭孩子李 ×

李 ×，11 岁，五年级男生。其父母离异后父亲再婚，现家庭由其与父亲、继母及继母 9 岁的女儿组成。在学校，李 × 面临多方面困境。在社交方面，他表现为社交退缩，与同伴关系疏离；在学业方面，他的数学成绩从优秀降至合格；在行为方面，他的课堂参与度降低，作业完成质量下滑。

2. 深入剖析：问题根源探寻

（1）心理行为层面

李 × 呈现防御性沉默，常采用非言语应对方式，符合《儿童青少年心理创伤干预指导》中的退缩型反应。90 项应症状自评量表（SCL-90）筛查结果显示，其抑郁因子达 2.3 分，存在 “我是多余的”这种消极自我认知。同时，亲子互动频率严重不足，亲子间每周有效沟通时长 < 30 分钟，其情感缺失明显。

（2）家庭系统层面

其家庭内部存在诸多问题：继母过度介入教育事务，家庭动力评估结果显示代际界限混乱，角色边界模糊；教育投入资源分配失衡，教育支出数据表明其继妹课外班占比达

70%；家庭沟通模式存在缺陷，呈现“指责—回避”循环。这是家庭治疗师观察记录得出的结论。

3. 精准施策：全方位干预策略

（1）家庭系统治疗

通过绘制包含情感联结强度、权力层级等要素的家庭结构图，清晰呈现家庭关系。建立每周日晚 19:00 固定召开的家庭会议制度，促进家庭成员之间的沟通。实施“情感银行”计划，量化记录家庭成员之间的正向互动，增强家庭情感纽带。

（2）认知行为干预

开展“优势视角”训练，让李 × 每日记录 3 件成功的事件，重塑积极认知。设计“家庭契约”，明确教育责任分工，规范家庭互动。引入每周三下午 15:00 的“沙盘游戏治疗”，探索其内心世界。

（3）资源支持方案

为提升李 × 的学业成绩，教师每周提供3次课后辅导。学校心理咨询师每月进行2次个体心理辅导，给予其心理支持。

4. 稳步推进：家访与家校协作

（1）家访进程

2024 年 3 月 12 日首次家访，建立信任并完成家庭生态评估；3 月 19 日反馈心理测评结果，制定初步干预方案；3 月 26 日组织首次家庭会议，明确教育责任分工；4 月 2 日开展“沙盘游戏治疗”，发现“家庭城堡”的象征意义；4 月 9 日进行阶段评估，调整数学辅导方案。

（2）家校协同机制

建立“三方联络单”，班主任、心理教师与家长每日沟通孩子的情况。开发“成长观察日记”，记录孩子的行为变化关键点。每月第三周周六上午组织“重组家庭家长工作坊”，提升家长教育能力。

5. 成效显著：多维度效果评估

（1）量化指标提升

李 × 的数学成绩从合格提升至良好，涨幅达 25.8%；课堂参与度从每周举手 0 次提升至 3 次；亲子沟通时长从每周不足 30 分钟增加到 90 分钟。

（2）质性变化凸显

李 × 主动发起社交，加入班级足球社团；情绪表达得到改善，能够用语言表达需求，如“我需要安静学习”；家庭氛围也得到优化，继母开始关注对李 × 的兴趣培养，为其购买天文望远镜。

本案例通过增加心理量表数据、教育支出数据等实证支撑，运用家庭系统治疗专业工具，构建量化与质性相结合的效果评估体系，突出家校协同具体机制设计，强化理论依据与实践策略对应关系，为重组家庭孩子的个性化家庭教育指导提供了较为全面且深入的实践范例。

## 二、案例二：小学留守儿童的学业干预

留守儿童群体由于家庭环境特殊，往往面临诸着多发展挑战。本案例聚焦于小学中年级的留守儿童，深入探讨其成长困境，并呈现一套系统且具有针对性的干预方案及成果。

1. 案例主角：小学留守儿童晓峰

晓峰，10 岁，小学四年级男生。其父母长期在外务工，父亲是建筑工人，母亲从事家政服务工作。晓峰由 68 岁的祖父母隔代抚养。在学校里，晓峰的学业表现令人担忧，成绩出现下滑趋势。在课堂上，他难以集中注意力，据观察记录，日均走神次数高达 12 次。通过抑郁自评量表（SDS）测评，其标准分为 58 分，处于临界抑郁状态，心理健康状况不容忽视。

2. 深度洞察：晓峰面临的问题剖析

（1）发展性需求分析

依据留守儿童安全评估表，晓峰夜间独自在家的频次每周多达 4 次，这使得他的安全感严重缺失，安全需求得不到满足。在班级归属感方面，以 5 分制衡量，他仅获得 2.3 分，明显反映出其归属需求未得到满足。教师观察发现晓峰存在“习得性无助”的表现，这表明他的尊重需求同样未得到满足。

（2）家庭功能评估

晓峰祖父母的文化程度仅为小学水平，在辅导孩子作业时显得力不从心。每月晓峰与父母仅有 3 次视频通话，且每

次时长不足 15 分钟，亲子间的情感交流极为有限。

3. 精准布局：全方位干预策略

（1）学业支持体系搭建

为助力晓峰提升学业成绩，精心搭建了一套完善的学业支持体系。在课堂上，组织同伴互助小组，让同学们彼此协作、共同进步；教师针对晓峰的学习难点开展个别辅导，给予他更具针对性的指导。课后，设立线上答疑平台，方便晓峰随时解决在学习中产生的疑惑；推行学习打卡计划，培养他良好的学习习惯和自律能力。在家校协同方面，教师借助每日学习反馈表，及时向家长反馈晓峰当天的学习情况；每月生成月度成长报告，全面呈现晓峰在一个月内的学习进展与存在的问题。

（2）心理干预方案定制

运用前沿的心理干预技术，帮助晓峰改善心理状态。基于正念认知治疗（MBCT）方法，安排晓峰每天进行 10 分钟的呼吸练习，通过正念训练，增强他的专注力与情绪调节能力。设立"亲情储蓄罐"，鼓励晓峰记录父母的寄语以及自己的心声，以此给予其情感补偿，缓解亲情缺失带来的影响。同时，鼓励晓峰参与"小老师"计划，为低年级孩子提供辅导，借此培养他的社交技能，增强其自信心。

（3）资源整合策略实施

积极整合各方资源，为晓峰创造更有利的学习与成长环境。提供免费托管服务，解决晓峰在放学后无人照料的问题。争取到某教育机构提供的在线课程账号，拓宽晓峰的学习渠道。

4. 有序推进：干预实施进程

（1）阶段推进规划

整个干预过程划分为三个阶段：2023 年 3 月 1 日至 3 月 15 日为诊断期，在此期间全面评估晓峰的家庭生态环境，并完成对晓峰的心理测评，深入了解他面临的问题与需求；3 月 16 日至 5 月 31 日为干预期，启动“三师联动”模式，即学科教师、心理咨询师与志愿者紧密协作，从学业、心理等多个维度为晓峰提供支持；6 月 1 日至 7 月 31 日为巩固期，着重帮助晓峰建立自主学习机制，并开展暑期托管服务，巩固前期干预所取得的成果。

（2）关键工具运用

在干预过程中，借助一系列关键工具来监测和促进晓峰的成长。使用学习能量监测表记录他每日的专注时长、知识掌握程度，直观呈现其学习状态的变化。通过“亲情沟通日志”量化记录情感互动质量，以便根据实际情况及时调整情感支持策略。利用“成长里程碑树”以可视化的方式展示晓峰的进步节点，增强他的自我认同感与成就感。

5. 成效彰显：多维度效果评估

（1）量化指标提升

经过一段时间的干预，晓峰在学业和心理方面均取得显著进步。其数学成绩从 45 分提升至 68 分，提升率高达

51.1%；日均专注时长从25分钟增加到48分钟，提升幅度高达92%；SDS标准分从58分降低至46分，下降了20.7%。

（2）质性变化凸显

晓峰在行为和心理上也展现出积极的改变。他开始主动表达自己的需求，如在周记中写道“我希望每周能和父母视频两次”；社交能力得到显著提升，不仅担任了班级学习委员，还组织了课后辅导小组。其家庭互动方面也得到了优化，父母增加了“电话听写”等与晓峰的学业互动形式。

本案例充分展现了专业特色，采用“发展性需求分析模型”，精准聚焦小学留守儿童在安全、归属、尊重等不同层次的需求；构建了包含量化工具（学习能量监测表）与质性工具（“成长里程碑树”）的综合评估体系；创新提出并成功实施“联动”干预模式；引入MBCT方法等前沿心理干预技术，并制定了包含阶段推进表、工具使用说明的完整操作手册，为小学留守儿童的个性化家庭教育指导提供了详尽且极具借鉴意义的范例。

### 三、案例三：智力障碍孩子的成长干预

在特殊教育领域，智力障碍孩子需要独特且个性化的教育支持与引导，以帮助他们获得尽可能好的发展。本案例聚焦于一个智力障碍孩子，深入剖析其面临的挑战，并呈现一套全面且有针对性的干预方案及成效。

1. 案例主角：智力障碍孩子小辉

小辉，8岁，就读于小学三年级。经专业医疗机构评估，他患有中度智力障碍，智商（IQ）为55。小辉生活在一个普通家庭中，父母均为农民，文化程度不高，但对小辉的成长十分关心。

在学校里，小辉的学习能力明显落后于同龄人。在语文学习方面，他在汉字的认读和书写方面存在较大困难，仅能认识简单的常用字，几乎无法进行写作表达。在数学学习方面，他只能进行10以内的加减法运算，对于更复杂的数学概念和运算难以理解。

在生活自理方面，小辉也存在诸多不足，如穿衣、系鞋带等基本生活技能虽经过训练有所掌握，但速度较慢且不够熟练。在社交互动方面，小辉表现出明显的被动性，很难主动与他人交流，对集体活动的参与度较低。

2. 深入剖析：小辉面临的问题诊断

（1）学习能力评估

通过教育心理学测试，发现小辉的注意力集中时间较短，平均每次仅能维持10~15分钟，这严重影响他在课堂上的学习效果。他的记忆力也相对较弱，对于新知识的吸收和巩固需要经过反复多次练习。同时，小辉的抽象思维能力发展滞后，难以理解抽象的数学概念和语文中的隐喻、象征等内容。

（2）生活技能与社交能力分析

小辉在生活技能方面的问题主要源于其动作协调性和认知理解能力的不足。在社交方面，他缺乏基本的社交技巧和主动意识，对他人的情绪和意图理解困难，导致他在与他人的交往过程中常常出现误解或冲突。

（3）家庭支持状况

小辉的父母由于工作繁忙，且缺乏专业的特殊教育知识，虽然关心孩子，但在教育方法上较为欠缺。他们尝试了帮助小辉增强学习和生活自理，但往往因方法不当或缺乏耐心而效果不佳。家庭经济状况一般，无法为小辉提供过多额外的教育资源。

3. 精准施策：全方位干预策略

（1）个性化学习支持

为小辉制订个别化教育计划（IEP），根据他的学习进度和学习能力，对学习内容进行分解，采用多感官教学法。例如，在语文教学中，结合图片、声音和动作帮助他记忆汉字；在数学教学中，利用实物教具让他直观感受数量关系。同时，为小辉配备一名专职的学习辅导教师，每天课后进行 30 分钟的一对一辅导，强化当天所学知识。

（2）生活技能训练

设计一套系统的生活技能训练方案，从简单的穿衣、洗漱开始，逐步过渡到复杂的烹饪、购物等技能。采用任务分析法，将每一个技能分解为具体的步骤，通过反复练习和强化，帮助小辉掌握每一个具体步骤，直至掌握该技能。同时，利用家庭和社区环境，让小辉在实际场景中进行实践，提高他的生活自理能力和适应社会的能力。

（3）社交能力提升

开展社交技能小组训练，每周安排 2~3 次，每次 45 分钟。选择性格开朗、友善的同学与小辉组成小组，在教师的引导下进行角色扮演、游戏互动等活动，帮助小辉学习基本的社交礼仪、沟通技巧和情绪表达方法。鼓励小辉参与学校组织的集体活动，如运动会、文艺表演等，提高他的集体意识和团队协作能力。

（4）家庭支持强化

定期为小辉的父母举办特殊教育知识讲座和培训，邀请专业的特殊教育教师和心理咨询师传授科学的教育方法和沟通技巧，帮助他们树立正确的教育观念。建立家庭与学校的紧密沟通机制，教师每周向小辉的父母反馈小辉在学校的学习和生活情况，小辉的父母则将小辉在家中的表现及时告知教师。家校协作，共同商讨调整教育策略。

4. 稳步推进：干预实施过程

（1）第一阶段（第 1~3 个月）

全面评估小辉的学习、生活和社交能力，根据评估结果制订详细的干预计划。同时，对小辉的父母进行首次特殊教育知识培训，让他们了解小辉的发展特点和教育方法。在学校，教师开始实施多感官教学法和一对一辅导，在生活技能训练方面侧重于对基本生活自理能力的培养。

（2）第二阶段（第 4~6 个月）

持续进行个性化学习支持，逐步增大学习内容的难度。生活技能训练扩展到简单的家务劳动，如扫地、擦桌子等。社交技能小组训练增大互动的复杂性，引导小辉学会主动发起交流。每月组织一次家庭会议，教师、家长和小辉共同参与，总结小辉的进步和存在的问题，调整干预计划。

（3）第三阶段（第 7~9 个月）

进一步巩固小辉在学习、生活和社交方面取得的进步。在学习方面，尝试引导小辉进行简单的知识应用；生活技能训练开始涉及社区生活技能，如乘坐公共交通工具；在社交方面，鼓励小辉参与更广泛的社交活动，如参加社区组织的儿童活动。同时，对小辉的父母进行再次培训，深化他们对特殊教育方法的掌握和应用。

（4）第四阶段（第 10~12 个月）

对小辉进行全面的阶段性评估，对比干预前后的各项指标。在学习方面，小辉应能够掌握更复杂的知识和技能；在生活自理能力方面，小辉应能够独立完成大部分日常生活事务；在社交方面，小辉应能够主动与他人建立良好的互动关系。根据评估结果，制订下一阶段的教育计划，同时鼓励小辉的父母在家庭中持续强化教育成果。

5. 显著成效：多维度效果评估

（1）学习能力提升

经过一年的干预，在语文学习方面，小辉能够认识 500 个左右的常用汉字，并能进行简单的语句书写。在数学方面，他可以进行 20 以内的加减法运算，并对简单的图形和空间概念有了一定的理解。其学习注意力集中时间延长至 20~25 分钟，学习积极性明显提高。

（2）生活技能进步

小辉在生活自理方面取得了显著进步，能够熟练、快速地完成穿衣、洗漱、系鞋带等基本生活操作，还学会了一些简单的家务劳动，如洗碗、叠衣服等。在社区生活技能方面，他能够在家长的陪同下乘坐公共交通工具，认识一些常见的交通标志。

（3）社交能力改善

小辉在社交互动上变得更加主动，能够主动与同学打招呼、分享玩具，还能参与小组讨论和集体活动。在社交技能小组训练中，他学会了基本的沟通技巧和情绪表达方法，与同学之间的关系更加融洽。

（4）家庭支持增强

小辉的父母通过培训，掌握了科学的教育方法和沟通技巧，能够更加耐心、有效地陪伴小辉成长。家庭与学校之间的沟通更加顺畅，形成了良好的教育合力。

本案例通过对一名智力障碍孩子的全面干预，展示了个性化家庭教育指导在特殊教育中的重要性和有效性，为同类孩子的教育和成长提供了有益的参考。

# 附　录

# 附录A 工具篇

在人生路上，我们都盼着自我成长，也希望做好家庭教育，但总会碰到难题。好在有不少实用工具能帮我们，像给我们领路一样。

《情绪温度计测评表》（表 A1）能把情绪分得细致，让家长清楚地知道孩子处于什么情绪状态中，助力家长协助孩子管好情绪；《21 天行为习惯养成追踪表》（表 A2）按照“21 天效应”，把要达成的行为习惯目标分配到日打卡中，帮孩子养成好习惯；《家庭教育沙龙成效评估表》（表 A3）从多个方面进行评估，给优化家庭教育活动提供参考；番茄钟工作法把工作 / 学习时间分成一段一段的高效时间，中间搭配休息时间，助力家长协助孩子养成做事不拖拉的好习惯，提高效率。

这些工具对家庭教育具有很好的辅助作用，我们要引导家长合理使用，在孩子的成长路上一直努力，助力孩子健康成长。

# 表 A1 情绪温度计测评表

| 温度 | 情绪状态描述 | 对应的日常表现 |
|---|---|---|
| 36 ℃及以下 | 超级平静 | 能安静、专注地做自己喜欢的事，如看书、搭积木，没有任何烦躁或激动的表现，和他人交流时轻声细语，情绪稳定得像平静的湖面 |
| 37 ℃ | 平静 | 正常参与学校和家里的各项活动，和同学相处融洽，不会轻易生气或过度兴奋，写作业、帮忙做家务时都有条不紊，内心平和 |
| 38 ℃ | 有点兴奋 | 会因为即将到来的周末、收到小礼物等露出明显的笑容，说话音量稍提高，可能会哼小曲，身体动作也比平时更轻快，比如走路蹦蹦跳跳 |
| | 有点烦躁 | 写作业遇到难题时，会皱眉头，轻轻叹气，用笔敲桌子，对身边人说话时语气稍微不耐烦，可能会嘟囔“好难啊” |
| | 有点难过 | 心爱的宠物不小心跑丢时，会眼眶泛红，小声哭泣，说话时带着哭腔，一直念叨着宠物的名字，希望它能快点回来 |
| 39 ℃ | 兴奋 | 得知能去游乐园、参加期待已久的活动时，忍不住大声欢呼，和身边人分享喜悦，可能会反复询问相关细节，手脚也闲不住，处于很活跃的状态 |
| | 烦躁 | 被多次催促做不喜欢的事如收拾玩具时，会生气地跺脚，大声反驳，脸上露出不悦的神情，把东西扔来扔去来表达不满 |
| | 难过 | 考试没考好或者和好朋友吵架时，会趴在桌上大哭，眼泪止不住，不愿意和别人交流，沉浸在自己悲伤的情绪里，旁人安慰效果不显著 |
| 40 ℃ | 非常兴奋 | 遇到特别惊喜的事，如生日收到梦寐以求的玩具时，会又蹦又跳，尖叫出声，眼睛发亮，不停地表达自己的开心情绪，甚至难以安静下来做其他事 |
| | 愤怒 | 被同学故意欺负或重要东西被弄坏时，会满脸通红，紧握拳头，大声叫嚷，甚至有想动手的冲动，此时难以听进他人的劝解 |
| | 非常难过 | 遭遇亲人离世这样重大的打击时，会长时间哭泣，不吃不喝，对任何事情都提不起兴趣，眼神空洞，陷入极度悲伤的状态 |

# 表 A2 21 天行为习惯养成追踪表

| 日期 | 早晨按时起床 | 睡前整理书包 | 每天阅读30分钟 | 主动帮助做家务 | 当日总结（家长填写） |
|---|---|---|---|---|---|
| 第1天 | 是/否（打√） | 是/否（打√） | 是/否（打√） | 是/否(打√) | |
| 第2天 | 是/否（打√） | 是/否（打√） | 是/否（打√） | 是/否(打√) | |
| 第3天 | 是/否（打√） | 是/否（打√） | 是/否（打√） | 是/否(打√) | |
| 第4天 | 是/否（打√） | 是/否（打√） | 是/否（打√） | 是/否(打√) | |
| 第5天 | 是/否（打√） | 是/否（打√） | 是/否（打√） | 是/否(打√) | |
| 第6天 | 是/否（打√） | 是/否（打√） | 是/否（打√） | 是/否(打√) | |
| 第7天 | 是/否（打√） | 是/否（打√） | 是/否（打√） | 是/否(打√) | 一周总结：<br>1. 完成较好的习惯任务；<br>2. 有待改进的习惯任务；<br>3. 改进措施 |
| 第8天 | 是/否（打√） | 是/否（打√） | 是/否（打√） | 是/否(打√) | |
| 第9天 | 是/否（打√） | 是/否（打√） | 是/否（打√） | 是/否(打√) | |
| 第10天 | 是/否（打√） | 是/否（打√） | 是/否（打√） | 是/否(打√) | |
| 第11天 | 是/否（打√） | 是/否（打√） | 是/否（打√） | 是/否(打√) | |
| 第12天 | 是/否（打√） | 是/否（打√） | 是/否（打√） | 是/否(打√) | |
| 第13天 | 是/否（打√） | 是/否（打√） | 是/否（打√） | 是/否(打√) | |
| 第14天 | 是/否（打√） | 是/否（打√） | 是/否（打√） | 是/否(打√) | 一周总结：<br>1. 完成较好的习惯任务；<br>2. 有待改进的习惯任务；<br>3. 改进措施 |
| 第15天 | 是/否（打√） | 是/否（打√） | 是/否（打√） | 是/否(打√) | |
| 第16天 | 是/否（打√） | 是/否（打√） | 是/否（打√） | 是/否(打√) | |
| 第17天 | 是/否（打√） | 是/否（打√） | 是/否（打√） | 是/否(打√) | |
| 第18天 | 是/否（打√） | 是/否（打√） | 是/否（打√） | 是/否(打√) | |
| 第19天 | 是/否（打√） | 是/否（打√） | 是/否（打√） | 是/否(打√) | |
| 第20天 | 是/否（打√） | 是/否（打√） | 是/否（打√） | 是/否(打√) | |
| 第21天 | 是/否（打√） | 是/否（打√） | 是/否（打√） | 是/否(打√) | 一周总结：<br>1. 完成较好的习惯任务；<br>2. 有待改进的习惯任务；<br>3. 改进措施 |

注意：

1. 孩子每天完成相应习惯任务后，要打√。

2. 家长每天在“当日总结”栏简要记录孩子当天在各项习惯养成中的表现，如完成任务的态度、遇到的困难等。

3. 每周和21天结束后，家长分别进行总结分析，明确孩子习惯养成的成果与不足，并制定改进措施和后续计划，助力孩子更好地养成良好的行为习惯。

# 表 A3　家庭教育沙龙成效评估表

尊敬的家长：

您好！非常感谢您参加我们的小学家庭教育沙龙。为了不断提升沙龙的质量，更好地服务广大家长，烦请您抽出几分钟时间填写这份评估表。您的反馈对我们至关重要，将帮助我们持续优化和改进。

## 一、基本信息

学生所在年级：____________________

您的姓名：________________________

您的联系方式：____________________

## 二、沙龙内容评价

1. 您认为本次沙龙的内容与您的家庭教育需求的契合度如何？

A. 非常契合，完全解决了我的困惑

B. 比较契合，大部分内容对我有帮助

C. 一般，部分内容有参考价值

D. 不太契合，对我实际帮助不大

E. 完全不契合

2. 对于沙龙内容的实用性，您如何评价？

A. 非常实用，可立即应用到家庭教育中

B. 较实用，经过思考能应用到实际中

C. 一般，理论性较强，实践转化有难度

D. 不太实用，感觉比较空洞

E. 完全不实用

3. 您觉得沙龙内容的深度和广度如何？

A. 深度和广度都恰到好处，易于理解且全面

B. 深度足够，广度稍欠缺

C. 广度足够，深度稍显不足

D. 深度和广度都不够，没学到太多有用信息

E. 深度和广度都过度，理解困难

4. 请简要列举您认为沙龙中最有价值的内容。（可多选）

□ 亲子沟通技巧

□ 学习习惯培养方法

□ 情绪管理策略

□ 品德教育途径

□ 其他（请注明）：____________________

5. 您希望在后续沙龙中应增加哪些方面的内容？（可多选）

□ 青春期孩子心理辅导

□ 应对孩子叛逆期的方法

□ 家庭作业辅导技巧

□ 兴趣爱好培养策略

□ 其他（请注明）：__________________

## 三、教师教学方法评价

6. 讲师的讲解是否清晰易懂?

A. 非常清晰，完全能跟上节奏

B. 比较清晰，个别地方稍作思考能理解

C. 一般，有些内容较模糊

D. 不太清晰，理解困难

E. 完全听不懂

7. 讲师在教学过程中与家长的互动性如何?

A. 互动性非常强，能充分调动家长积极性

B. 互动性较强，经常提问、引导家长参与

C. 互动性一般，偶尔有互动环节

D. 互动性较差，几乎没有互动

E. 完全没有互动

8. 讲师是否能结合实际案例进行教学?

A. 总是能结合丰富且生动的案例帮助理解

B. 经常结合案例，案例有一定的代表性

C. 偶尔结合案例，案例较少

D. 很少结合案例，以理论讲解为主

E. 完全没有案例

9. 您对讲师的整体教学水平的评价如何？

A. 非常优秀，远超预期

B. 优秀，达到期望

C. 良好，基本满意

D. 一般，有待提高

E. 不满意

## 四、自身教育理念转变

10. 通过本次沙龙，您在家庭教育理念上是否有转变？

A. 有非常大的转变，理念焕然一新

B. 有较大转变，对教育有了新认识

C. 有一定转变，某些观点得到了更新

D. 转变不明显，和之前差不多

E. 完全没有转变

11. 请简要描述您在教育理念上的主要转变。（可举例说明）

______________________________________________

## 五、家庭教育改进计划执行情况

12 您是否根据沙龙所学制订了家庭教育改进计划？

A. 是，制订得非常详细且已开始执行

B. 是，制订了基本框架，正在逐步完善

C. 是，有初步想法，但尚未具体制订

D. 否，还没考虑制订计划

E. 否，认为没有必要制订计划

13. 如果您已制订计划，在执行过程中遇到的最大的困难是什么？（可多选）

□ 孩子不配合

□ 自身时间、精力有限

□ 计划执行起来难度较大

□ 缺乏有效的监督机制

□ 其他（请注明）：____________________

14. 在执行改进计划的过程中，您是否观察到孩子有积极的变化？

A. 有明显变化，孩子各方面都有提升

B. 有一定变化，部分方面有所改善

C. 变化不明显，暂时还没看到效果

D. 没有变化，甚至出现一些新问题

E. 不清楚，还未关注到孩子的变化

15. 您对目前执行家庭教育改进计划的信心如何？

A. 非常有信心，一定能达成目标

B. 比较有信心，只要坚持就能看到效果

C. 信心一般，不确定能否成功

D. 信心不足，感觉困难重重

E. 完全没有信心

**六、其他建议**

16. 您对本次小学家庭教育沙龙还有哪些意见或建议，如活动组织形式、时间安排等方面，请简要说明。

______________________________________________

再次感谢您的支持与配合！您的反馈将助力我们把小学家庭教育沙龙办得越来越好，为孩子的成长提供更优质的支持。

# 番茄钟工作法具体操作指南

## 一、准备阶段

1. 选择工具

（1）电子计时工具

可在手机应用商店搜索“番茄钟”，下载安装相关计时软件。这类软件通常具备倒计时、正计时切换，以及自定义番茄时段、休息时段时长等功能，还能设置不同类型任务的提醒音效，便于区分。

（2）实体定时器

购买外观可爱的番茄形状实体定时器，木质、塑料材质的均可。实体定时器操作简单，转动表盘即可设定时间，能直观展示剩余时间，减少电子设备干扰，适合低年龄段孩子。

2. 确定任务与时间规划

在孩子开始写作业前，家长与孩子一同打开作业清单，将所有作业任务罗列出来，并按照作业的难易程度、学科类别进行分类。

预估完成每项作业所需的番茄时段数量。例如，完成语文作文可能需要 3~4 个番茄时段，完成一页数学口算练习大概需要 1 个番茄时段。将任务和对应的番茄时段安排记录在可视化时间管理板上，也可使用专门的学习计划本记录。

3. 营造环境

清理孩子的学习桌面，只保留与当前作业任务相关的学习用品，如要完成数学作业，仅放置课本、练习册、笔、尺子等。

调整房间灯光亮度，保持光线柔和不刺眼，避免过亮或过暗而影响孩子视力和注意力。关闭电视、音响等可能产生噪声的设备，若周围环境嘈杂，可给孩子使用隔音耳塞或关闭窗户。

## 二、执行阶段

1. 番茄时段（25 分钟）

（1）启动番茄钟

家长协助孩子按下番茄钟的“开始”按钮，此时孩子需全身心投入到既定的作业任务中。在这 25 分钟内，严格要求孩子不能中途离开座位，除非遇到紧急情况（如身体不适）。

（2）专注监督

家长可在旁边陪伴，但不要频繁打扰孩子。若孩子出现注意力不集中，如发呆、玩文具等行为，家长可轻声提醒孩子专注于完成作业任务，但不要批评指责，以免影响孩子的情绪和学习积极性。若孩子遇到难题向家长求助，家长应先引导孩子思考。若短时间内无法解决难题，家长应告知孩子先标记难题，等番茄时段结束后再一起探讨。

2. 短休息时段（5 分钟）

（1）番茄钟提醒

当 25 分钟的番茄时段结束时，番茄钟会发出提醒信号。此时，孩子应立刻放下手中的笔，停止写作业。

（2）放松活动

家长引导孩子进行简单的放松活动，如起身在房间内走动几步，做几个简单的伸展动作，像转动脖子、伸展手臂、弯腰触摸脚尖等，以缓解身体疲劳；也可以看向窗外远处的绿植，放松眼睛；或者听一首节奏轻快、时长 1~2 分钟的纯音乐，舒缓大脑神经。

3. 循环进行

5 分钟的短休息时段结束后，再次启动番茄钟，开始下一个 25 分钟的学习时段。按照任务规划，孩子继续完成之前未完成的作业任务，或者开始新的作业任务。重复专注学习、短休息的过程，直至完成一项较大的作业任务，如写完一篇作文，或完成一个单元的数学练习。

4. 长休息时段（15~30 分钟）

（1）完成多任务后

当孩子连续完成 3~4 个番茄时段，或者完成 2~3 项主要作业任务后，安排一次长休息。

（2）丰富放松方式

在长休息时段，孩子可以吃点健康的小零食，如水果、坚果，以补充能量；与家长或小伙伴进行简单的互动游戏，如猜谜语、简单的纸牌游戏等，以放松心情；阅读自己喜欢的课外书籍，但阅读时间不宜过长，控制在 10~15 分钟，避免沉浸其中而影响后续学习状态。

## 三、总结阶段

1. 作业完成情况检查

在孩子完成所有的作业任务后，家长和孩子一起对照作业清单，检查是否有遗漏的作业；然后逐一检查作业的完成质量，如数学作业的计算准确性、语文作业的书写规范性和字词拼写准确性等。对于错误的题目，家长应和孩子一起分析原因，并将错题记录在错题本上，方便日后复习。

2. 番茄钟执行情况回顾

回顾当天番茄钟工作法的执行情况，查看可视化时间管理板或学习计划本上的记录。统计完成各项作业实际使用的番茄时段数量，并将其与预估的番茄时段数量进行对比，分析出现差异的原因。例如，在完成某项作业时实际使用的番茄时段超出预估，可能是由于任务难度较大，或者是由于孩子在学习过程中专注度不够。总结经验教训，以便在后续的学习中更合理地安排任务和预估时间。

3. 奖励与激励

家长可根据孩子当天的作业完成情况和番茄钟执行表现，给予适当的奖励。奖励可以是精神层面的，如一个大大的拥抱、真诚的夸赞，肯定孩子的努力和进步；也可以是物质层面的，如针对一周的良好表现，奖励孩子一本喜欢的漫画书、一个小玩具等。通过奖励激励机制，鼓励孩子持续运用番茄钟工作法，提高学习效率。

# 附录 B　展示篇

# 名人家规家训分享

## 一、诸葛亮

1. 人物介绍

诸葛亮，字孔明，号卧龙，三国时期蜀汉丞相。诸葛氏是琅琊望族，家风清正、英才辈出，不仅在政治上、军事上取得了卓然的成就，还非常注重家庭教育。诸葛氏子弟们所具备的杰出的才智、忠厚的品德，与其家规家训有着密切的关系。

2. 家规家训

（1）家规

族中贤能、仕宦及家业丰余者，需要敦睦九族，赈恤贫寡，鼓舞人才，崇祀宗祖，不得欺凌宗族，谋占产业，恃财倚势，任意作为，损坏阴阳两宅。宜博古征今，思前贤可法，视覆辙可鉴。作德于前，始发于身。身之不修，令名失坠，子孙必微！戒之！慎之！

（2）家训

夫君子之行，静以修身，俭以养德。非淡泊无以明志，非宁静无以致远。

## 二、欧阳修

1. 人物介绍

欧阳修，北宋文学家、史学家、政治家。字永叔，号醉翁，晚号“六一居士”，世称欧阳文忠公。他于天圣八年（1030年）进士及第，仕途坎坷但政绩显著。在文学上，他是“唐宋八大家”之一，领导了北宋诗文革新运动。在史学方面，他主持撰写了《新唐书》，独撰了《新五代史》。

2. 家规家训

（1）家规

偶此多事，如有差使，尽心向前，不得避事。至于临难死节，亦是汝荣事；但存心尽公，神明亦自佑汝，慎不可思避事也。

（2）家训

玉不琢，不成器；人不学，不知道。然玉之为物，有不变之常德，虽不琢以为器，而犹不害为玉也。人之性，因物则迁，不学，则舍君子而为小人，可不念哉？

## 三、司马光

1. 人物介绍

司马光，字君实，号迂叟，北宋政治家、史学家、文学家，世称“涑水先生”。司马光有关家规家训的著作主要有《温公家范》《训俭示康》，其家规家训的核心思想是节俭、廉洁、自律、重德。司马家族既是政治世家，又是军事世家，这与其优秀的家规家训有着密切的联系。

2. 家规家训

（1）家规

正家之道：家人有严君焉，父母之谓也。父父，子子，兄兄，弟弟，夫夫，妇妇，而家道正。正家而天下定矣。

（2）家训

众人皆以奢靡为荣，吾心独以俭素为美。人皆嗤吾固陋，吾不以为病。

## 四、范仲淹

1. 人物介绍

范仲淹，字希文，谥号“文正”，世称“范文正公”，是北宋时期著名的政治家、思想家、军事家、文学家和教育家。范仲淹不仅对自己严格要求，对子女也同样严格要求。其治家甚严，亲定《六十一字族规》和《义庄规矩》，并且专门写《诫诸子书》教育自家子弟。

2. 家规家训

（1）家规

家族之中，不论亲疏，当念同宗共祖，一脉相传，务要和睦相处，不许相残、相妒、相争、相夺，凡遇吉凶诸事，皆当相助、相扶，庶几和气致祥，永远吾族家人炽昌般。

（2）家训

孝道当竭力，忠勇表丹诚。兄弟互相助，慈悲无过境。勤读圣贤书，尊师如重亲。礼义勿疏狂，逊让敦睦邻。敬长与怀幼，怜恤孤寡贫。谦恭尚廉洁，绝戒骄傲情。字纸莫乱废，须报五谷恩。作事循天理，博爱惜生灵。处世行八德，修身率祖神。儿孙坚心守，成家种善根。

## 五、陆游

1. 人物介绍

陆游是南宋时期的杰出人物，字务观，号放翁，越州山阴（今浙江绍兴）人。他出身名门望族、江南藏书世家，自幼聪慧，十二岁便能写诗作文。陆游一生力主抗金，多次上书北伐建议，却因主和派压制而仕途坎坷。他文学成就颇高，尤擅诗歌，存世 9300 余首，风格多样，涵盖爱国情怀、民间疾苦等诸多题材。此外，他在史学方面也有贡献，编撰了《南唐书》等史书。他临终所留《示儿》一诗，充分体现了其至死不渝的爱国之情。

2. 家规家训

（1）家规

注重品德教育；传承清白家风；提倡耕读传家；教导为官之道。

（2）家训

后生才锐者，最易坏。若有之，父兄当以为忧，不可以为喜也。切须常加简束，令熟读经、子，训以宽厚恭谨，勿令与浮薄者游处。如此十许年，志趣自成，不然其可虑之事，盖非一端。吾此言后人之药石也，各须谨之，毋贻后悔。

# 教师家规家训分享

## 一、石××

1. 我的家规

诚实守信，不说谎话，答应的事努力做到，犯错主动承认，不逃避责任。

每日主动阅读课外书籍 30 分钟以上，养成积累好词好句的习惯。

物品用后及时整理归位，保持房间整洁。

不挑食、不偏食，珍惜粮食，饭后协助收拾餐桌。

每周至少帮忙做 3 项家务，如扫地、擦桌、倒垃圾，分担家庭事务。

爱护家中物品，轻拿轻放，不随意浪费水电。

早睡早起，作息规律，减少熬夜，以饱满的精神开启每日生活；坚持锻炼，每周运动 3 次以上，强健体魄。

在公共场合遵守秩序，不大声喧哗、插队推搡，爱护公共设施，彰显文明素养。

2. 我的家训

立志向善，孝顺为先，诚实守信，勤俭节约。

3. 家训解读

（1）立志向善

心中怀有善良的意愿，并努力成为一个善良的人。具体来说，立志向善意味着在日常生活中做出善良的行为，帮助他人，关心他人，积极促进社会的和谐与进步。

（2）孝顺为先

孝顺在家庭和社会中具有极其重要的地位。孝顺不仅是家庭伦理的核心，也是社会稳定的基础。具体表现包括：尊敬父母，听从父母的教导；关注父母的身体健康和生活起居；关心父母的饮食起居；及时回应父母的呼唤。

（3）诚实守信

守信就是讲信用、讲信誉，忠实于自己承担的义务，答应了别人的事一定要尽力去做。在日常生活中要做到待人真诚，尊重事实，实事求是。要信守承诺，言必信，行必果。

（4）勤俭节约

在现代社会中，勤俭节约具有重要的现实意义。它不仅是个人的美德，也是家庭、国家持续发展的重要动力。勤俭节约可以帮助减少家庭开支，提高生活质量；在国家层面，勤俭节约可以促进经济的可持续发展，减少浪费，提高资源利用率。个人应该养成节俭的生活习惯，避免浪费，在家庭中应该精打细算，合理使用资源。

4. 设立初衷

在一个家庭中，道德教育是孩子成长过程中不可或缺的部分。家规家训明确指出了诚实、勤俭、善良、孝顺等品德的重要性，并通过具体的行为准则来引导家庭成员践行，培养这些美德。通过家规家训的约束，这些品德在日常生活中不断被强化，逐渐内化为家庭成员的自觉行为，塑造出有道德、有素养的个体。因此，家规家训对于维护家庭秩序意义重大。除此之外，家规家训的设立是家族繁荣发展、成员健康成长的重要保障，承载着家族的过去、现在和未来。

5. 目标期望

（1）短期目标

每周至少召开一次家庭会议，全体家庭成员共同学习家规家训内容，互相分享感悟。每位家庭成员每天至少完成一件符合家规家训的小事，如问候长辈、节约水电等。

（2）中期目标

家庭成员在日常生活中能自觉践行家规，形成习惯。邻里之间对家庭成员的品德、行为有明显的正面反馈，尤其是在孝顺和诚信方面。

（3）长期目标

家规家训深入人心，成为家庭传承的文化，影响子孙后代的价值取向。在社区中树立良好家庭形象，成为宣扬传统美德的榜样家庭。

## 二、闫 × ×

1. 我的家规

（1）礼貌待人，主动问好。

（2）注意场合，控制音量。

（3）诚实守信，说到做到。

（4）遵守时间，尊重他人。

（5）懂得感恩，知恩图报。

（6）珍惜食物，避免浪费。

（7）直面错误，及时改正。

（8）自我保护，避免受伤。

2. 我的家训

修身养性，崇德重义，自爱自重，自尊自律。

3. 家训解读

（1）修身养性

修身养性是指通过学习和实践，使自己的身心得到净化和提升。这不仅包括对个人行为的规范，也涵盖对内心世界的修炼和提升。

（2）崇德重义

崇德重义是指要重视道德修养，强调仁义礼智信等传统美德的重要性，以此作为行为准则。

（3）自爱自重

自爱自重是指要爱护自己，尊重自己，认识到自己的价值，从而更好地实现自我发展和完善。

（4）自尊自律

自尊自律是指要有自尊心，能够自我约束，遵守社会规范和道德准则，不逾矩、不违法。

4. 设立初衷

家规家训作为一个家族传承的文化精髓，承载着祖辈对后代的期望与教诲，希望以家规家训来培养家族成员高尚的道德情操和良好的行为规范，从而推动家族和社会的和谐发展。

修身养性，是家训设计的首要初衷。我们期望家族成员能够通过不断的学习和实践，提高自身的道德修养，培养良好的性格和心态。正如古语所云：“读书明理，修身养性。”只有不断学习，才能明白事理，修养身心。在现代社会，信息的繁杂和生活的压力常常让人迷失方向，因此，我们希望通过家训引导家人静下心来，修养身心，寻找内心的平静与力量。

崇德重义，是家训设计的核心。我们强调道德和正义的重要性，希望家族成员能够以德服人、以义为先。无论是在家庭生活中，还是在社会交往中，都应坚守道德底线，追求正义。只有以德待人，才能赢得他人的尊重和信任，建立和谐的人际关系。

自爱自重，是家训设计的重要原则。我们鼓励家族成员珍视自己、尊重自己。只有自爱，才能赢得他人的爱；只有自重，才能赢得他人的尊重。我们希望家族成员能够明白，自爱自重不仅是对自己的要求，也是对他人的尊重。只有诚实守信、自爱自重，才能走向富裕和幸福。

自尊自律，是家训设计的最终目标。我们希望家族成员能够树立自尊意识，培养自律精神。自尊是一个人自信、自强的表现；自律是一个人自我约束、自我管理的能力。只有做到自尊自律，才能在社会中立足，才能实现自己的人生价值。我们希望通过家训的引导，让家族成员明白："做事要勤，做人要忠"，只有勤奋努力，忠诚待人，才能走向成功。

5. 目标期望

（1）短期目标

让家族成员了解家规家训的内容和含义，并能熟记于心。在日常生活中，大家能自觉遵守家规，并且互相监督，从而养成良好的习惯。

（2）中期目标

家规家训能够融入家族，成为生活中的一部分。家族成员能够通过持续的学习和实践，树立正确的价值观，为未来发展奠定基础。家族成员在知识、能力、情感、人格等方面得到更好的发展，家族氛围也会更加和谐、温暖。

（3）长期目标

家族成员能够继承和弘扬家规家训中的优良传统，并将其作为家族成员共同的精神支柱，时时刻刻牢记家规家训，不断鞭策自己，培养良好的道德品质和行为习惯，并教育自己的后代成为堪当民族复兴重任的时代新人。

## 三、董××

1. 我的家规

（1）孝顺父母：尊敬并孝顺父母，这是家庭和睦的基石。

（2）诚实守信：言行一致、诚实守信，这是赢得他人信任的关键。

（3）持续学习：不断学习新知识，提升自己的文化素养和综合能力。

（4）珍惜时间：充分利用时间，不虚度光阴，把握每一个成长的机会。

（5）合理消费：量入为出，合理消费，避免奢侈浪费。

（6）珍惜资源：节约水电等资源，保护环境，为可持续发展贡献力量。

（7）友善待人：以友善和包容的态度对待他人，建立良好的人际关系。

（8）倾听与理解：耐心倾听他人的意见和想法，理解并尊重他人与自己的不同。

（9）自律生活：养成良好的生活习惯，保持规律的作息和健康的饮食。

（10）勇于担当：面对困难和挑战时，勇于承担责任，积极寻求解决问题的方法。

2. 我的家训

善良有爱，宽容大度，善于思考，机智勇敢，尊重他人。

3. 家训解读

（1）善良有爱

善良有爱是指要关爱他人、尊重生命、乐于助人，并且不做伤害他人的事情。“行善事而不见其功，乃与无功事而见其行也。”善良有爱构建了温暖和睦的家庭环境，增强了家族成员之间的信任与支持，促进了彼此间的情感交流与每一位家族成员的精神成长。

（2）宽容大度

宽容大度是指要学会原谅他人的过错，不斤斤计较，以平和的心态对待周围的人和事。“海纳百川，有容乃大；壁立千仞，无欲则刚。”林则徐的这句名言深刻地体现了宽容与坚韧的精神。宽容大度能增进家庭和谐，减少矛盾冲突，营造温馨氛围，促进家族成员间的理解和尊重。

（3）善于思考

善于思考是指遇到问题时要多思考，积极寻找解决办法，培养创新思维。孔子曰：“学而不思则罔，思而不学则殆。”强调了学习与思考相辅相成的重要性。善于思考能让孩子更具创造力与解决问题的能力，使其在学习中脱颖而出，对其未来发展产生积极深远的影响。

（4）机智勇敢

机智勇敢是指在面对问题或挑战时，能够迅速而灵活地思考，找到解决问题的有效方法，并且勇于采取行动去面对和克服这些困难。“世上无难事，只要肯登攀。”这句话不仅体现了毛泽东同志的勇敢精神，还蕴含了他的智慧，即在困难面前寻找解决之道。机智勇敢可培养孩子的独立人格与自信心，增强其应对挑战的能力，塑造其积极乐观的性格，并激发其创新思维。

（5）尊重他人

尊重他人意味着在社会互动中要认可他人的价值，礼貌待人，并考虑他人的感受，以建立良好的人际关系。“爱人者，人恒爱之；敬人者，人恒敬之。”这句话是指爱别人的人，别人也永远爱他；尊敬别人的人，别人也永远尊敬他。家长在孩子面前要做好榜样，在家庭里、在社会生活中和在面对他人时，要给予周围的人足够的尊重，这样也会赢得周围的人的尊重，这是社会和谐、家庭幸福的基石。

4. 设立初衷

家规家训的设立初衷在于：通过明确的家规家训，家族成员能够了解并遵守家族内部的秩序和规范，从而维护家族的稳定与和谐。

同时，家规家训作为家族智慧的结晶，承载着长辈对后辈的期望和教诲，旨在引导家族成员树立正确的价值观、道德观和人生观。

5. 目标期望

设立家规家训的目标期望是：激励家庭成员不断努力，追求个人的成长和进步，从而推动整个家族的发展和繁荣。比如，鼓励家族成员勤奋学习、努力工作，在各自的领域中取得成就，为家族争光，同时也为家族的发展积累更多的资源和财富。

## 四、吕××

1. 我的家规

（1）诚实守信，言出必行，不得说谎欺骗家人或他人。勇于承认错误并积极改正，以真诚之心对待身边一切人和事。

（2）起居有常，早睡早起，保持规律的作息，维护身体健康。自己的房间和个人物品自行整理打扫，保持整洁有序，培养自理能力与责任感。

（3）坚持学习，每日安排固定时间阅读书籍、学习知识或培养兴趣技能，不断充实自我。对待学业或工作认真负责，努力做到最好，遇到困难不轻易放弃，积极寻求解决方法。

（4）家族成员之间相互尊重，不得使用侮辱性的语言或有侮辱性的行为。

（5）就餐时讲究礼仪，等待长辈先动筷，不挑食、不浪费食物，在用餐过程中不大声喧哗。

2. 我的家训

修身养性，崇德重义，自爱自重，自尊自律。

3. 家训解读

（1）修身养性

修身意味着不断提升自身的品德、学识和能力。通过学习经典、反思自身行为，去除不良习性。养性则注重培养平和、善良、坚忍等良好的性情，使家族成员在面对各种情况时都能保持内心的宁静与从容，不被外界的诱惑和困难轻易扰乱心智。

（2）崇德重义

德是一个家族的灵魂，每个家族成员都应崇尚道德。在家中要尊老爱幼、夫妻和睦、兄弟友爱，对外要诚实守信、乐于助人。重义要求家族成员把正义放在重要位置，不做损人利己之事，在面对利益抉择时，坚守正义的原则，维护家族的声誉和尊严。

（3）自爱自重

自爱是指珍惜自己的生命、身体和名誉。家族成员要懂得爱护自己，保持健康的生活方式，远离不良嗜好。自重则是指尊重自己的人格，不做轻贱自己的行为，言行举止要有分寸，无论是在家族内部还是在社会上，都能展现出良好的素养，赢得他人的尊重。

（4）自尊自律

自尊是对自己的价值有清晰的认识，有强烈的自尊心，不容许他人随意侵犯自己的尊严。同时，自律要求家族成员自觉遵守家族规定和社会公德，克制自己的欲望，不被冲动和私欲控制，时刻以高标准要求自己，成为家族的骄傲。

4. 设立初衷

通过订立家训，采撷古人智慧之英华，将中华民族的卓越传统薪火相传，使家族化作传扬传统文化的坚固堡垒。

于家规整饬之家族中成长，子女可习得诸如尊重他人、笃实守信、勤勉奋进等嘉德懿行，为其漫漫人生之路铺就稳固基石，助力他们在未来的广袤天地中振翅高飞。

5. 目标期望

在个人成长方面，通过修身养性，期望家族成员能不断充实自己的精神世界，培养如沉稳、豁达、睿智等优秀品质。无论是面对成功的喜悦还是面对失败的打击，都能保持平和的心态，持续提升自我，获得内心的和谐与安宁。

在行为约束方面，期望自尊自律能让家族成员深知自身价值，不容他人侵犯尊严。同时，家族成员能自我约束，克制不良欲望，遵守家族和社会规则，以自律赢得自由，为家族树立正面形象。

在家庭和谐方面，修身养性、自爱自重等能减少家族内部矛盾。期望家族成员能有良好修养和品德，更好地理解、包容他人，使家族氛围更融洽，成为家族凝聚力的源泉。

# 榜样家庭家规家训分享

## 一、二年七班李 ××

1. 我的家规

（1）家长情绪保持冷静。

（2）不要以家长的身份去要求孩子做事，不要把自己的思想强加给孩子。

（3）把孩子当作大人来看待， 遇事商量着来，征求孩子的意见。

（4）不做比较，给孩子树立自信心。可以鼓励孩子向他人学习，取长补短。但孩子有自己的思想，应尊重孩子的思想、意愿。

（5）可用游戏或比赛的方式让孩子完成家长想让其完成的事情，比如进行叠衣服比赛。

（6）按时起床、洗漱。

（7）孩子应每天自己整理书包。

（8）睡前读书半小时。

（9）孩子不以愤怒的方式解决问题。

（10）以上内容可根据实际情况及时做出调整。

2. 我的家训

以德服人。

3. 家训解读

尊重孩子的思想、意愿，以培养孩子的独立意识为主，让孩子感受到自己是个独立个体，有能力完成自己应该做的事，对其他事情有信心去做。

## 二、三年二班郭 × ×

1. 我的家规

（1）讲文明懂礼貌，见到熟人主动打招呼，主动和家人、朋友、同学、老师等问好。

（2）尊老爱幼，孝敬长辈。和长辈说话要态度平和，语气适当，不和长辈发脾气。

（3）勤俭节约，不能浪费。粒粒皆辛苦，节约是美德。

（4）做错事情要主动承担责任。人非圣贤孰能无过，做错事情没关系，应及时改正。

（5）不能说脏话，保持良好的说话习惯，不模仿其他不良行为，做有素养的中国人。

（6）不可以撒谎。有什么问题及时跟父母沟通，实事求是反映情况。

（7）做事情要持之以恒，不要三分钟热度，养成良好的学习习惯、行为习惯。

（8）遇到问题时应先自己积极想办法解决，或者寻求帮助解决，而不是退缩、放弃，应勇敢面对。

2. 我的家训

勿以恶小而为之，勿以善小而不为。

3. 家训解读

“勿以恶小而为之，勿以善小而不为”出自《三国志·蜀书·先主传》，是刘备临终前对儿子刘禅的教诲。这句话的意思是，不要因为坏事看起来很小就去做，因为任何小的恶行都可能积累成大的恶果；同样，不要因为善事看起来很小就不去做，因为任何小的善行都能积累成大的善果。这句话强调了积恶成灾和积善成德的道理，提醒我们在日常生活中要注意自己的言行，无论是恶行还是善行，都会对自己的未来产生影响。

我们在日常生活中应珍视每一个小行动和每一个细节，正视自己的行为，不断追求卓越，不断提升自己。小善积多了就成为利天下的大善，小恶积多了则足以乱国家。希望我们能够本本分分做事、堂堂正正做人，保持良好的行为习惯和道德品质，不断地积善行、去恶行。

## 三、五年六班王 ××

1. 我的家规

（1）遇到长辈请打招呼，尊敬长辈、爱护幼小是中华传统美德。

（2）做人不要撒谎，欺骗别人其实就是欺骗自己，会让身边的人不再相信你。

（3）不要嘲笑他人。

（4）要勇敢地承认自己所犯的错误，承担自己的责任，这样才能不断进步。

（5）勤俭节约，任何时候都不要浪费，浪费是一种可耻行为。

（6）不与他人攀比、向他人炫耀，每一个人都有自己的优势。

（7）遇事和家人商量，与家人互相信任。

（8）不要害怕吃学习的苦。

（9）要珍惜时间。时间一去不复返，请勿浪费。

（10）要保护好自己，在遇到危险时可以采取一定的应急措施。

2. 家规解读

（1）品德修养：传承美德，塑造品格

弘扬中华传统美德方面：“尊敬长辈、爱护幼小”，践行长幼有序、仁爱有礼的传统美德；“勤俭节约”，反对浪费，培养珍惜资源、节俭持家的意识。

坚守诚信、尊重他人方面：“不撒谎”强调诚信是人际交往的基石，撒谎会摧毁信任；“不嘲笑他人”要求以同理心对待他人，嘲笑他人实则暴露自身修养的缺失。

（2）个人成长：正视自我，向上生长

担当与自省方面：“勇敢承认错误、承担责任”，鼓励孩子直面不足、主动担当，这是个人进步的核心动力。

对待学习与时间方面：“不要害怕吃学习的苦”强调了在学习过程中必须付出努力，才能实现未来的人生理想和个人价值，这旨在培养孩子的吃苦精神与长远眼光；“要珍惜时间”则提醒孩子时间一去不复返，要把握当下、高效生活。

自我认知与自信方面：“不与他人攀比、向他人炫耀”，引导孩子跳出“盲目比较”的误区，发现自身的独特优势，建立内在自信。

（3）家庭关系：沟通信任，和谐共生

“遇事和家人商量，与家人互相信任”，强调家庭内部的沟通互动与情感信任的重要性，这既能让家人之间共享想法、共解问题，也能营造温暖、互助的家庭氛围。

（4）自我保护：重视安全，学会应变

“要保护好自己，在遇到危险时可以采取一定的应急措施”的核心在于“生命至上”的意识，即在特殊危险情境中，必须以自我保护为先。

**四、五年二班温 ××**

1. 我的家规

（1）生命至关重要，当生命受到威胁时，保护自己是首要的，生命只有一次，请珍爱生命。

（2）礼貌是人生的通行证，见人问好，受助道谢，添麻烦道歉。发自内心的真诚态度是修养的体现。

（3）尊重长辈，不可向长辈大呼小叫。长辈呼唤要及时回应。

（4）勇敢道歉。人人都会犯错，要勇敢承认错误，道歉并请求原谅。应避免二次犯错，并在错误中成长。

（5）自己的事情自己做。在长大的过程中要学会做事，如帮忙打扫卫生等，要掌握独立生活能力。

（6）心中要有目标和梦想，懂得努力和坚持。

2. 我的家训

严于律己，宽以待人；举止文雅，诚实守信，不做亏心事；做事勤奋，戒懒惰；为人谦恭；勤俭持家，戒奢侈。

3. 家训解读

（1）对己对人：宽严有别

“严于律己”是要求在言行上严格约束自己，时刻追求进步；“宽以待人”则倡导对他人多包容、少苛责，让人际关系更具温度与包容度。

（2）言行品德：守正修美

“举止文雅”是指应规范外在言行，彰显内在涵养；“诚实守信，不做亏心事”是指应筑牢道德底线，在一言一行中应做到言而有信，并且行得正、坐得端；“为人谦恭”是指应以谦虚恭敬的态度处世，这样既能赢得他人的尊重，也传递平和的相处智慧。

（3）生活态度：勤勉朴实，积极向上

“做事勤奋，戒懒惰”旨在鼓励家人以勤勉朴实的态度对待各类事务，拒绝懈怠，应积极进取；“勤俭持家，戒奢侈”聚焦于家庭生活，倡导勤劳节俭的作风，反对铺张浪费，助力家庭在“勤”与“俭”中长久、稳健地发展。